KB086468

신실하고
고결한 밤

Faithful and Virtuous Night

신실하고
고결한 밤

루이즈 글릭 지음
정은귀 옮김

시공사

차례

일러두기

- 본문의 이탤릭체는 원서에서도 이탤릭체로 표기된 부분이다.
- 외국 인명·지명·작품명과 독음은 외래어표기법에 따랐다.

우화

PARABLE

프란치스코 성인의 가르침대로, 우선, 속세의 것들을 내버리고,
그래서 우리 영혼이 이익과 손실로
산만해지지 않도록 하고, 또 그래서
산길을 걷듯 우리 몸이 자유롭게
움직이도록 해야지, 그러고 나서 우리는 어디로 어떻게
여행할지 상의해야 했다, 두 번째 질문은 우리에게
목표가 있는 거냐는 것, 이에 대해 격렬하게
반대하는 이들이 많았는데, 그이들 주장은 그런 목적은
속세의 것들과 어울린다고, 한계나 속박이 따른다고,
한편 다른 이들은 말했다, 바로 이 단어로 우리가 성화되었다고
방랑자 아닌 순례자로; 우리 마음 안에서 그 말은 꿈으로
번역되지, 추구하는 어떤 것으로, 그래서 우리는 집중하여
그 말이 돌 틈에서 반짝이는 걸 보게 될 것이다,
그냥 지나치지 않고; 각자
남은 문제를 우리는 똑같이 충분히 토의했다, 주고 또 받는 주장들을,
어떤 이들은 말하길, 그래서 우리가 덜 유연하고 더 체념하게 되었나고,
쓸모없는 전쟁에 나간 군인들처럼. 그리고는 눈 내렸고, 바람 불었다,

시간이 지나 바람은 잦아들고—눈 내린 곳에는 많은 꽃들이 피었고

별들 빛난 곳에는 태양이 나무숲 위로 떠올랐고,

우리는 다시 그림자를 지니게 되었다; 이런 일들 여러 번 있었다.

또 비도 내렸고, 가끔 홍수가 나기도 했고 가끔은 눈사태도, 그래서

우리 중 몇은 죽고, 주기적으로 우리는 합의에

도달한 듯 했다, 물통들을

어깨에 달고서; 하지만 그 순간은 늘 지나갔고, 그래서

(몇 년 후에도) 우리는 그 첫 단계에 계속 머물러 있었다, 아직도

여행을 시작할 준비를 하며, 그럼에도 우리는 변했다;

이걸 서로 볼 수 있었다; 비록 우리, 변하긴 했지만

절대 움직이지 않았고, 한 사람이 말했다, 아, 우리가 어떻게 늙었는지 봐, 낮에서

밤으로만 여행하며, 앞으로도 옆으로도 가지 않고, 그러다 보니 이게 이상하게

신비로워 보이기도 했다. 또 우리가 목적을 가져야 한다 믿었던 이들은

바로 이게 그 목적이라 믿었다, 또 진실을 대면하려면 자유로워야 한다고

믿었던 이들은 그것이 드러났다고 느꼈다.

모험

AN ADVENTURE

1.

어느 밤 내가 잠이 막 들 때 문득 든 생각,
오랜 시간 내가 노예로 매여 있던
그 사랑의 모험을 드디어 끝냈다는 것. 사랑을 끝냈다고?
내 심장이 중얼거렸어. 이에 나 대답했어, 무수한 심오한 발견들이
우리를 기다린다고, 이것들이 뭔지 이름 대라고 하지 않기를
동시에 간절히 바라며. 이름들 댈 수 없었기에. 하지만 그것들이 있다는 믿음—
이게 중요했던 것이지 분명?

2.

다음날 밤에도 똑같은 생각이 들었어,
이번에는 시에 관해서, 그리고 연이은 밤마다
많은 다른 정념과 열망들이, 같은 식으로
계속 따라왔어, 매일 밤 내 심장은
자기 미래에 항의했어, 좋아하는 장난감 빼앗긴 꼬맹이처럼.
하지만 이런 작별들이 세상 돌아가는 방식이라고, 내가 말했지.
한 번 더 나는 각각의 고별을 통해 우리에게 열려 있는
그 광대한 영토를 넌지시 말했지. 그리고 그 구절로 나는
지는 해 속으로 말을 타고 들어가는 영광스런 기사가 되었어, 내

심장은
　내 밑에 준마가 되었고.

3.
당신 이해할 거야, 나는 죽음의 왕국으로 들어가고 있었던 거야,
이 풍경이 왜 그토록 평범했는지 내가
말할 순 없지만. 여기도, 마찬가지로, 하루하루는 너무 길었고
한해 한해는 너무 짧았어. 먼 산 너머로 해가 졌고.
별들은 빛났어, 달이 차고 기울었고. 이윽고
과거에서 온 얼굴들이 내게 나타났어:
어머니와 아버지, 갓난쟁이 언니; 부모님과 언니는 말하고자 한 걸
끝내 다 못 한 것 같았어, 지금은 나
그것들 다 들을 수 있을 것 같은데, 내 심장 고요하니.

4.
이 지점에서 나는 그 절벽에 도달했어,
하지만 그 길이 다른 쪽으로 내려가지 않는다는 걸 보았어;
오히려, 평평하게 뻗은 길은 쭉 같은 높이로
눈 닿는 곳까지 죽 이어졌지, 점점
그렇게 길을 받들던 산이 완전히 사라지자

나 어느새 하늘을 날고 있는 걸 알게 되었어—
사방에서 죽은 이들이 나를 환호했지, 이들을 찾은 기쁨도
잠시, 사람들에게 답하느라 그 기쁨 지워졌어—

5.
한때 우리는 모두 살로 존재했는데
이제 우리는 안개가 되었어.
전에는 그림자 있는 물체였다면
이제 우리는 증발한 화학물질처럼 형체 없는 실체였어.
아이고 아이고, 내 심장이 말했어,
아니면 이거였나, 아니야, 아니야—구별이 어려웠지.

6.
이제 그 환영은 끝이 났어. 나는 침대에 있었고, 아침 해가
흡족하게 떠오르고 있었고, 깃털 이불이
내 다리 위로 하얗게 떠 있고.
당신은 나와 함께 있었어—
두 번째 베개가 움푹 들어간 걸 보면.
우리는 죽음에서 도망쳐 나왔던 거야—
아니면 이게 그 절벽에서 본 광경이었나?

지난 날

THE PAST

하늘에서 가느다란 빛이 갑자기
나타나네, 소나무 가지 둘
사이로, 바늘 같은 솔잎들

이제 그 빛나는 표면에 새겨졌고
그 위로는
부드러운 천국이 드높아—

공기 냄새 좀 맡아 봐. 스트로브잣나무 향기야,
바람이 나무 사이로 불어올 때 향이 제일 짙어지고
영화 속에서 나는 바람 소리처럼,
좀 이상한 소리를 내지—

움직이는 그림자들. 밧줄들이
늘 내는 소리를 내고. 네가 지금 듣고 있는 소리는
나이팅게일 소리일 거야, *척삭동물이지,*
수컷이 암컷에게 사랑 노래 부르네—

밧줄들이 움직이네. 두 소나무
사이에 단단하게 매어 놓은

해먹이 바람에 흔들리네.

공기 냄새 좀 맡아 봐. 스트로브잣나무 향기야.

네가 듣고 있는 건 바로 우리 엄마 목소리야,
아니면 그냥 공기가 나무 사이를 지날 때
나무들이 내는 소리일까

무(無)를 지날 때
공기는 어떤 소리를 만들까?

신실하고 고결한 밤

FAITHFUL AND VIRTUOUS NIGHT

내 이야긴 정말 단순하게 시작한다: 나는 말할 수 있었어 그리고 행복했어.

아니면: 나는 말할 수 있었어, 그래서 행복했지.

아니면: 나는 행복했어, 그래서 말을 하지.

나는 어두운 방을 지나는 밝은 빛과 같았어.

시작하는 게 그렇게 어렵다면, 어떻게 끝날지 생각해 봐—

내 침대 위엔 색색의 요트 무늬 시트가

(탐험의 형식으로) 모험의 환상들을, 또

아기 침대처럼 부드럽게 흔들리는 감각들을 동시에 전하고.

봄이네, 커튼이 팔랑팔랑.

부드러운 바람이 방으로 들어오고, 첫 곤충들도 함께.

윙윙 소리가 기도 소리 같아.

하나의 커다란 기억을

구성하는 기억들.

신호를 보내는 것이

유일한 임무인 등대처럼

안개 속, 드문드문 보이는 선명한 지점들.

하지만 그 등대가 가리키는 게 진짜로 뭐야?
여기는 북쪽이야, 등대는 말하네.
내가 너의 안전한 항구야: 이런 말이 아니라.

형한테는 엄청 귀찮았을 텐데, 나는 이 방을 형과 함께 썼어.
옆에 있다는 이유만으로 벌을 준다며, 형은 나를 깨어 있게 했지,
노란 스탠드 옆에서 모험 이야기를 읽어 주며.

오래 전 습관들: 침대 자기 자리에서 형은
조용조용 그러나 일부러 그렇게,
밝은 머리를 손 위로 숙인다, 형의 가려진 얼굴—

내가 말하는 그때,
형은 책을 읽고 있었지,
신실하고 고결한 밤이라 했어.
이게 형이 책을 읽고 내가 깨어 있던 그 밤이었나?
아니—오래 전의 어느 밤이었지, 어두운 호수,
돌 하나 나타났고 그 돌 위에는
검(劍)이 하나 자라고 있었지.

내 머리 속에서 이런저런 인상들이 왔다 갔다 했지,

곤충들처럼 희미하게 웅웅거리며.

형을 관찰하지 않을 때면 나는 우리가 함께 쓰던 작은 침대에 누워 있어,

천장을 빤히 바라보며—그 방에서

내가 좋아한 부분은 절대 아니었어. 천장은

내가 볼 수 없는 걸 생각나게 했으니, 이를테면 하늘, 더 괴롭기로는

하얀 여행 복장을 한 채 하얀 구름 위에 앉아 있는 부모님.

하지만 나 또한 여행하고 있었으니,

이 경우엔 아무도 알아채지 못하게

그 밤에서 다음날 아침으로,

나도 특별한 옷을 입고:

줄무늬 파자마를.

봄날 하루를 한 번 그려 봐.

무해한 하루: 내 생일날.

아래층에선, 아침 식사 테이블 위에 선물 셋.

상자 하나엔 글자 새겨져 접힌 손수건.
두 번째 상자엔, 색연필들 가지런히
세 줄로, 학교 사진처럼.
마지막 상자엔《내 첫 독자》라 하던 책 한 권.

이모가 포장지를 차곡차곡 접었고;
리본들은 동그랗게 말았지.
형은 은박지로 싼
초콜릿 하나 내게 내밀었네.

그리고는, 갑자기, 나는 혼자였어,

아주 어린 아이를 사로잡는 건 아마도
관찰하고 듣는 일:

그런 점에서, 모두가 다 귀에 들어왔어—
우리가 모이 주던 새들의 온갖 소리를 나는 들었고,
이런저런 곤충들이 알을 까고, 작은 곤충들이 창틀을 따라
오종종 걷는 소리도, 나는 또 들었어.

이모가 재봉틀 드르르 돌려
한 무더기 옷들에 구멍을 내는 소리도—

불안하니, 너 불안한 거니?
하루가 끝나길 기다리는 거야? 형이 자기 책으로 돌아가기를?
밤이 돌아오기를, 신실하고, 고결한,
너와 네 부모님 사이의 분열을
잠시, 바로잡는 밤이?

물론 이런 일이 금방 일어나진 않았어.
그동안에 내 생일이 있었고;
어쨌거나 그 빛나는 시작은
끝없이 계속되는 중간이 되었지.

늦은 사월 치고는 포근한 날. 몽글몽글한
구름들이 머리 위에, 사과나무 사이로 떠 가고.
나는《내 첫 독자》를 집어 들었지, 두 아이에
관한 이야기였던 듯— 나는 글을 읽을 줄 몰랐어.

3쪽에, 개 한 마리 나타났고.

5쪽에, 공이 하나 있었어— 아이들 중 하나가
그 공을 불가능하리만큼 높이 던졌는데, 그 개가
하늘로 높이 떠서 그 공을 잡았어.
그런 이야기였던 것 같아.

책장을 넘겼지. 끝까지 다 넘기고
책장을 다시 넘겼어, 그래서 그 이야기가 별자리마냥
돌고 돌았지. 그만 어지러웠어. 그 노란 공은

난잡해 보였어, 아이의 손과
개의 입에 똑같이 편안하게 있다니—

내 아래에서 손들이, 나를 들어 올렸고.
누구의 손이었는지는 몰라도,
남자 손인지 여자 손인지.
눈물이 내 살갗을 타고 흘렀지. 누구 눈물이었지?
아니면 우린 비를 맞고 있었는지도, 차가 오기를 기다리면서?

날이 갑자기 바뀌었더랬어.
너른 하늘이 쩍쩍 갈라졌지, 아니,

더 정확히는 갑자기 검은 구름들이
푸른 배경에 자리를 잡았어.

어딘가에서, 시간을 멀리 되돌려 간 어딘가에서
어머니 아버지가
마지막 여행을 막 시작하고 있네,
어머니는 갓난아기에게 사랑스럽게 키스하고, 아버지는
형을 둥둥 허공에 던지며.

나는 창가에 앉아 있었지,
첫 읽기 공부와
멍때리기를 번갈아 하며
철학과 종교를 배우던 때.

아마 내가 잠이 들었는지도. 깨어났을 때
하늘이 바뀌어 있었어. 비가 가볍게 내려,
모든 걸 신선하고 새롭게 바꾸었지—

나는 계속 빤히 바라보았어,
그 개가 노란 공을 들떠서

잡고 또 잡는 광경을, 그 대상은 곧
다른 대상으로
바뀌는 듯했어, 부드러운 장난감이었지, 아마—

그러곤 갑자기 저녁이 왔어.
집에 왔다고 외치는
형 목소리를 들었어.

얼마나 나이 들어 보이는지, 형은 오늘 아침보다 더 나이를 먹고.
우산 꽂이 옆에 책을 놔두고는
형은 세수하러 갔어.
교복 밑단이
무릎 아래 달랑거렸어.

그거 모르지, 어린 아이에게
계속 이어지던 어떤 것이 멈추어 버리면
그게 얼마나 끔찍한 일인지.

이 경우엔, 재봉실에서 들리는 소리들,
드르륵, 하지만 저 멀리서 들리다가—

사라졌지. 사방엔 고요만이.
그러고는, 고요 속에서 발소리들이.
그러고는 이모와 형, 우리가 다 함께였지.

차를 내오고.
내 자리엔, 생강 케이크 한 조각
생강 케이크 한중간엔
나중에 불 밝혀질 초가 하나.
너는 참 얌전하기도 하지, 이모가 말씀하셨어.

정말 그랬어—
소리가 내 입에서 나오지 않았어. 하지만
소리가 내 머리 속에는 있었어, 아마도,
덜 정확한 어떤 것으로 아마도 어떤 생각으로 표현되어,
그때는 그것들 여전히 내겐 소리인 것만 같았지만.

어떤 것이 거기 있었어, 아무 것도 없던 거기에.
아니면 이렇게 말해야 할까, 아무 것도 거기 없었지만
그것은 질문들로 더러워졌다고—

질문들이 내 머리를 뱅뱅 돌았지; 질문들은
위성들처럼 어떤 식으로든 정렬되는 특징—

밖에선 밤이 내리고 있었고. 이게
그 잃어버린 밤이었나, 별 총총, 달빛 찰박였던,
안에 담긴 모든 걸 그대로
보존하는 어떤 화학약품처럼?

이모가 초를 켰어.

어둠이 온 땅을 휩쓸었고
바다 위에선 밤이 둥둥 떠다녔지,
나무토막에 묶인 듯—

말할 수 있다면 난 무슨 말을 해야 했을까?
아마 안녕이라고 말했을 것 같은데
왜냐하면 어떤 의미에서
그건 안녕*이었으니*—

글쎄, 내가 뭘 할 수 있었을까? 나는 더 이상

아기가 아니었어.

나는 위안이 되는 어둠을 찾았지.
희미하게 볼 수 있었어, 베개 위에
그 푸르고 노란 요트들.

나는 형과 함께 혼자였어,
우리는 어둠 속에 누워 있었어,
가장 깊은 친밀감을 함께 숨 쉬며.

이런 생각을 했어, 모든 인간은
앞으로 나아가길 원하는 사람들과
뒤로 돌아가길 원하는 사람들로 나뉜다고.
아니면 이렇게 말할 수 있어, 계속 움직이려는 사람들과
번뜩이는 검(檢)에 의해 달리던 궤도에서
멈추어지길 원하는 사람들.

형이 내 손을 잡았어.
머잖아 그것도 떠돌다 사라질 것인데,
비록 어쩌면, 형 마음 안에서는

상상으로 존재하는 식으로 살아남겠지만—

마침내 시작하고 나면, 사람은 어떻게 멈추는가?
그냥 누군가 와서 멈춰 주길 기다리면 되지
우리 부모님의 경우, 커다란 나무가 그랬지—
말하자면, 그 바지선이 그 산들 사이로
마지막으로 지나가게 되겠지.
이를테면, 잠드는 것과 같은 어떤 것,
그건 내가 곧 하려는 것이었지.

다음 날, 나는 다시 말할 수 있었어
이모는 뛸 듯 기뻐했어—
내 행복이 이모에게로 건너간
것처럼 보였어, 그런데 그때 이모는
행복이 더 필요했어, 두 아이를 키우고 있었으니.

나는 내 우울함에 만족했어.
색연필들과 함께 나의 날들을 보냈어,
(어두운 색깔들은 금방 다 써 버렸지)
이모에게 말했듯이, 내가 본 것이

세계의 실제 이야기보다는
내 자신의 공허를 지나는 통로 끝에 나오는
변모의 환상에 가까웠어.

봄의 세계와 비슷한 어떤 것이라고, 내가 말했지.

그 세계에 몰두하지 않을 때
나는 엄마 그림을 그렸어,
내가 청해서
이모가 플라타너스 가지를 들고
포즈를 취해 주었어.

내 침묵의 신비에 관해서라면:
나는 계속 어지러웠어,
내 영혼이 물러서 있어서가 아니라
내 영혼이 돌아왔기에, 더구나 빈손으로 돌아왔기에—

이 영혼이 얼마나 깊이 들어가는지,
백화점에서
엄마를 찾는 아이처럼—

그건 아마 산소 탱크에 몇 분 정도의 깊이만
탐험할 수 있는 산소가 남아 있는
다이버 같아—
그리고 허파가 그를 되돌려 보내지.

하지만 확신컨대 허파와 반대되는 어떤 것,
아마도 죽음에 대한 동경 같은 것—
(절충안으로 *영혼*이라는 단어를 써 본다).

물론 어떤 면에서는 나는 빈손은 아니었어,
색연필들이 있었으니.
다른 의미에선 그게 바로 내 요점이야,
내가 대안을 받아들였다는 것.

밝은 색들, 남은 색들을 쓰는 건 일종의
모험이었어, 이모는 밝은 색을 더 좋아하셨지만—
이모는 어린이라면 모두 마음이 밝아야 한다고 생각하셨어.

그렇게 시간이 흘러: 나는
형과 같은 소년이 되었지, 나중에는

한 남자가 되었고.

이쯤에서 나 생각하네, 너를 떠나야겠다고. 보자 하니
완벽한 끝은 없는 것만 같아.
사실, 무한한 끝들이 있지.
아니면 일단 누군가 시작하면,
다만 끝이 있을 뿐.

기억 이론

THEORY OF MEMORY

옛날, 옛적에, 내가 열망으로 괴로우면서도 오래 가는 장치들 만들지 못해 괴로운 예술가가 되기 전에, 이보다 훨씬 오래 전, 나는 분단된 나라의 모두를 통합하는 영광스런 지도자였다—내 손바닥을 살펴본 점술가가 해 준 말이야, 대단한 일들이 당신 앞에 기다리고 있어요, 아니면 당신 뒤에; 확실하진 않아요. 그런데, 그녀가 덧붙였다, 무슨 차이가 있죠? 바로 지금 당신은 점술가와 손을 잡고 있는 아이인데요. 나머지는 전부 가설과 꿈이고요.

예리하게 말이 된 침묵

A SHARPLY WORDED SILENCE

이야기 하나 해 줄게요, 그 나이 든 여자가 말했어.
나무 장난감으로 유명한 도시, _____에 있는 공원에서
우리는 서로 마주보며 앉아 있었지.

그때 나는 서글픈 연애에서 도망치던 때,
일종의 속죄 혹은 자기 징벌로 일을 하고 있던 참이었어,
공장에서 그 작은 손들과 발들을 손으로 깎아 새기면서.

그 공원은 내 위안이었지, 특히 해가 지고
조용한 시간, 가끔 아무도 없을 때.
하지만 그날 저녁, 내가 콘테사의 정원이라 불리는 곳에 들어가자,
누군가가 나를 앞질러 가는 걸 봤지. 지금 생각해 보니
내가 지나쳐 갈 수도 있었는데, 하지만 나는 그때
이 목적지에만 정신이 팔려; 종일 나는 그 빈터에 심겨져 있던
벚나무들을 생각하고 있었어, 꽃 피는 시기가 거의 끝나 가고 있었어.

우리는 침묵 속에 앉아 있었지. 땅거미가 내리고 있었고,
그와 함께 닫히는 느낌이 몰려왔어,

기차 객실에서처럼.

그녀가 말했어, 어렸을 때 나는 어두워질 무렵 정원 길 걷는 걸 좋아했어요,

산책 길이 길어지면, 달이 뜨는 것도 종종 봤구요.

엄청 좋았어요: 섹스도, 음식도 어떤 세상의 즐거움도 그만 못했어요.

달이 떠오르는 건 더 좋았고 때로는 같은 순간에

〈피가로의 결혼〉 속 파이널 앙상블, 그 숭고한 곡을

들은 적도 있어요. 그 음악이 어디서 왔지?

모른 채요.

정원 길의 속성이란 게

돌고 돌도록 이어져서 매일 밤 내가 헤맨 후에야

우리 집 앞문에 간신히 도착한 나를 발견하곤 했어요, 어둠 속에서

문만 바라봤지요, 반짝이는 손잡이는 어둠 속에서 잘 보이지 않고.

그녀가 말하길, 그건 대단한 발견이었어요, 내 실제 생활이지만.

하지만 어떤 날은, 그녀가 말했어, 달이 구름에 잘 보이지 않을 때면
음악도 들리지 않았죠. 정말 힘 빠지는 밤.
그 다음날 그래도 나는 다시 시작하곤 했어요, 가끔은 다 잘 되었어요.

내가 따로 할 말은 없었어. 이 이야기는 쓰다 보니 너무 종잡을 수 없어서,
사실 무아지경 같은 멈춤과 길어진 뜸 들이기로 이야기는
단계마다 방해를 받았지, 이때쯤 밤은 이미 시작되었고.

아, 그 너른 밤, 그 밤,
이상한 자각을 그토록 받아들이고 싶던 그 밤. 어떤 중요한 비밀이
내게 맡겨질 것 같다고 느꼈지, 성화 봉송 릴레이에서
횃불이 한 손에서 다른 손으로 건네지듯.

그녀가 말했어, 진심으로 사과드려요.
당신을 내 친구 중 하나로 착각했어요.
그 말을 하고 그녀는 우리 자리 사이의 조각상들을 향해 손짓

했어.

영웅적인 남자들, 화강암 아기들을 품에 안은
자기희생적인 성스런 여인들.
안 변하네요, 그녀가 말했지, 인간들처럼요.

그이들에 관해서라면 전 포기요, 그녀가 말했어.
하지만 돌고 도는 여행에 대한 취향은 그대로예요.
틀렸으면 바로잡아 줘요.

우리 머리 위에서 벚꽃들이
밤하늘에서 풀어지기 시작했고, 아니면 별들이 떠돌았던가,
떠돌면서 무너져 내리면서, 착륙한 곳에서
새로운 세계들이 만들어졌지.

얼마 안 가 나는 내 고향으로 돌아가
옛 애인과 다시 합쳤다.
하지만 내 마음은 점점 더 이 사건으로 되돌아가,
모든 시각에서 이 사건을 연구하고 거기 어떤 비밀이 있다고
매해 더 강렬하게 확신하게 되었지, 증거는 없었지만.
마침내 결론 내리길, 거기 어떤 메시지가 있어도

말 속에 포함되지 않았다고—그래서 어머니가 내게 당부하셨구나, 깨달았지,

내게 주의를 주고 나를 꾸짖는 예리하게 말이 된 어머니의 침묵들—

하여 내가 돌아간 것은 내 애인뿐만은 아닌 듯했어,
이제 나는 콘테사의 정원으로 돌아가고 있었으니,
거기서 벚나무는 여전히 꽃이 피어 있었고,
속죄와 용서를 구하는 순례자처럼,

그리고 나는 생각했어, 어딘가에,
반짝이는 손잡이 달린 문이 있을 거라고,
하지만 언제 어디서 이 일이 일어날지 나는 알지 못했어.

밖에서 오는 사람들

VISITORS FROM ABROAD

1

가끔씩
그 시절로 들어가고 나면
사람들은 다른 데서 넌지시 이야기하는 걸 좋아한다,
자신들이 아닌 다른 이들에게서, 밤중에
전화가 울렸다. 울리고 또 울렸다
마치 세계가 나를 필요로 하는 듯,
실제로는 정반대였는데.

나는 침대에 누워 있었다,
그 전화벨을 분석하려 애쓰면서. 어머니의
고집과 아버지의
고통스런 당혹도 있었다.

전화를 들면 전화는 끊어졌다.
아니면 전화는 되는데 전화 건 사람이 죽었나?
아니면 그게 전화가 아니라 문이었나, 혹시?

2.

추운데 어머니 아버지가 앞 계단에

서 계신다. 어머니는 나를 빤히 쳐다보신다,
엄마 딸이자, 여성 동료인 나를.
넌 우리 생각은 안 해, 어머니가 그러신다.

네 책들이 천국에 도착해서 우리는 책을 읽었어.
우리 이야기는 거의 없더구나, 언니 얘기도 거의 없고.
그리고 그들은 가리켰다, 내 죽은 언니를, 엄마 팔에
꽁꽁 싸인 완벽한 타인을.

우리가 아니면, 어머니가 말한다, 너는 있지도 않을 건데.
그리고 너의 언니— 너는 네 언니의 영혼을 타고 났어.
그러고 나서 그분들은 사라졌다, 모르몬교 선교사들처럼.

3.
거리는 다시 하얗게 되었고,
덤불들이 다 수북 눈으로 덮였고
나무들은 반짝반짝, 얼음 옷 입었다.

나는 어둠 속에 누워 있었다, 밤이 끝나길 기다리며.
지금껏 알던 가장 긴 밤인 듯했다,

내가 태어난 밤보다 더 긴.

나는 늘 당신들에 대해 씁니다, 내가 소리 내어 말했다.
내가 "나"를 이야기할 때면 늘 그건 당신들을 가리킨다.

4.
바깥 거리는 고요했다.
헝클어진 시트 사이 저 끝에 수화기가 옆으로 놓여 있었다;
그 성가신 떨림은 몇 시간 전에 그쳤다.

그대로 다시 놓아두었다,
가구 아래로 긴 전화선이 떠돌고.

눈이 내리는 걸 나는 지켜보았다,
사물들을 흐리게 하기보다는
실제보다 더 커보이게 하려는 듯했다.

한밤중에 누가 전화를 할까?
고민이 전화하고 절망이 전화하지.
기쁨은 아기처럼 잠을 자고 있고.

시원(始原)의 풍경

ABORIGINAL LANDSCAPE

너는 네 아버지를 밟고 있구나, 엄마가 말씀하셨다,
정말로 나는 풀 바닥 한가운데
서 있었다, 너무 깔끔히 깎아 아버지 무덤이라
해도 될 것 같았다, 그리 말하는 돌은 없었지만.

너는 네 아버지를 밟고 있구나, 엄마가 말씀하셨다,
이번에는 더 크게, 이게 나한테는 이상해지기 시작했다,
어머니도 돌아가셨기 때문이다; 의사도 이미 수긍한 사실이다.

나는 옆으로 살짝 움직였다, 거기
아버지가 끝났고 어머니가 시작한 곳으로.

묘지는 고요했다. 바람이 나무 사이로 불었고;
몇 줄 떨어진 데서 우는 소리가 희미하게 들렸다,
그 너머로는 개 한 마리 찡찡거렸고.

이윽고 이 소리들은 줄어들었다. 스치는 생각이,
이리로 온 기억이 하나도 안 난다는 것,
지금은 묘지처럼 보이는 곳, 아마 내 마음 속에서만
묘지가 될 수도 있었을지도 모르는; 아마 공원이었나, 공원 아니

면,

정원 혹은 정자, 향긋한, 장미 향기로 이제야 깨달은 것—

인생의 즐거움 대기를 가득 채우고, 삶의 달콤함,

속담처럼. 어느 지점에서,

내가 혼자라는 걸 알게 되었다.

다른 이들은 모두 어디로 떠나 버렸나

사촌들, 언니, 케틀린과 애비게일?

이제 햇살이 희미해지고 있었다. 우리를 집에

데려가려던 차는 어디에 있었지?

그때서야 나는 다른 대안을 찾기 시작했다. 점점

조급해지는 느낌이 들었다, 걱정에 가까워졌던 것 같다.

마침내 멀리서, 나는 작은 기차를 알아보았다,

아마도, 이파리 뒤에 멈춰 서 있는 듯, 안내원이

문틀에 어정쩡 기대어 담배를 피우고 있었다.

나를 잊어버리지 마세요, 나는 소리쳤다, 이제

많은 묘지들, 많은 어머니들 아버지들 뛰어 넘으며—

저 여기 있어요, 소리치며, 마침내 그에게 갔다.
여보세요, 그가 말했다, 그 선로들을 가리키며,
여기가 끝이란 걸, 당신 분명 알죠, 선로가 더는 없어요.
그의 말은 단호했지만, 눈은 친절했다;
용기를 얻은 나는 내 사정을 더 강조했다.
그치만 선로는 돌아가잖아요, 그렇게 말하며 나는 선로의
완강함을 꼬집었다, 선로 앞에 그런 왕복들 많다는 듯이.

그가 말했다, 보세요, 우리 일은 어려워요; 우리는
슬픔과 낙담을 많이 만나거든요.
그는 더 솔직한 시선으로 나를 물끄러미 바라보았다.
나도 한때 당신처럼, 그가 이어 말했다, 난기류를 좋아했지요.

이제 나는 옛 친구에게 하듯 말했다:
당신은 이제 어떻게 해요, 내가 말했다, 그에겐 떠날 자유가 있었으니,
집에 가 그 도시를 다시
보고 싶지 않니요?

여기가 나의 집입니다, 그가 말했다.

그 도시— 그 도시는 내가 사라진 곳이다.

유토피아

UTOPIA

기차가 멈추면, 그 여인이 말했다, 너는 기차를 타야 해. 근데 그 기차가 맞는지, 아이가 물었다, 어떻게 알지요? 그 기차가 맞을 거야, 여인이 말했다, 왜냐면 그 시간이 맞으니까. 기차가 역에 도착했고; 희끄무레한 연기구름이 기관차 굴뚝에서 뿜어 나왔다. 정말 무서워, 그 아이가 생각한다, 할머니께 드릴 노란 튤립 움켜쥐고서. 그 여정을 견뎌 내려고 머리를 야무지게 땋고, 그리곤 말 한마디 없이 소녀는 기차를 탄다, 기차에선 이상한 소리가 난다, 그녀가 말하는 언어가 아니라 신음이나 울음 비슷한 어떤 소리가.

콘월

CORNWALL

하나의 단어가 안개 속으로 떨어진다,
키 큰 풀 속으로 떨어진 아이의 공처럼
거기서 매혹적으로 머물러 있다
번쩍번쩍 반짝반짝 그러다
금빛으로 터져 나온 것들이
다만 들판 미나리아재비로 드러난다.

단어/안개, 단어/안개: 그래서 그건 나와 함께였다.
하지만, 내 침묵은 절대로 완전하지 않았다—

풍경에서 솟아오르는 커튼처럼,
때로 안개가 걷히고: 아아, 게임 끝.
게임이 끝났고 그 단어는
비바람으로 좀 납작해졌다,
이제 그 단어 회복되어 쓸모없어졌다.

나는 그때, 그 시골에서 집 한 채 빌려 쓰고 있었는데.
들판과 산들이 높은 빌딩들을 대신했고.
들판, 소들, 눅눅한 초원 위로 해가 뜨고 지고.
선회하는 새들 노래로 밤과 낮이 가려지고,

바쁜 중얼거림과 바스락거리는 소리들이
침묵에 가까운 어떤 것으로 어우러지고.

앉고, 걷다가. 밤이 오면
안으로 들어갔다. 촛불 옆에서
나를 위해 조촐한 저녁을 준비하고.
저녁마다, 가능하면, 일기를 썼다.

멀리, 저 멀리서 초원을 가로지르는
소들의 방울 소리를 들었다.
밤은 그렇게 고요해졌다.
주인 없는 전기(biography)의 파편들처럼
친구들과 누워 있는
사라져 간 단어들을 나는 감지했다.

그건 모두, 물론, 엄청난 실수였다.
나는 끝을 마주하고 있었다, 그렇다고 나는 믿었다:
너러운 실의 신 틈처럼
끝이 내 앞에 나타났다—

마치 내 부모님이 부딪쳤던 그 나무가
나무 모양의 깊은 구렁텅이 되듯이, 진탕 속에서
커져 가는 블랙홀처럼, 낮에는
단순한 그림자로 충분했을 텐데.

마침내 집에 가는 것이 위안이었다.

내가 도착하자 그 방은 상자들로 가득 찼다.
튜브 상자들, 내 고요한 생활의
여러 가지 물건 담은 상자들,
꽃병들과 거울들, 나무 계란들
채워 두었던 그 푸른 그릇.

일기에 관해서라면:
나는 노력했다. 계속 했으니.
의자를 발코니로 옮겼고—

강을 따라 양 옆으로
가로등 불이 들어왔고.
사무실들은 어두워졌다.

강가엔
안개가 불빛을 에워쌌고;
잠시 뒤엔 불빛도 보이지 않고
다만 이상한 빛이 안개에 번졌고,
원인은 알 수 없었다.

밤이 나아갔다. 안개가
불 켜진 전구들 위를 빙빙 돌았고.
안개가 보이는 곳에서 그랬다고 짐작된다;
다른 곳에선, 모든 것들이 그대로였다,
한때 선명했던 곳도 흐려진 채.

책을 덮었다.
모두 내 뒤에, 모두 과거 속에 있었다.

앞에는, 내가 말한 것처럼, 적막이 있었다.

아무에게도 말하지 않았다.
이따금 전화가 울렸다.

낮이 밤으로 바뀌고, 땅과 하늘이
차례로 환해졌다.

후기

AFTERWORD

내가 방금 쓴 것을 읽으며 나 이제 믿는다,
황망하게 나 멈추었다고, 그래서 내 이야기는 약간은
왜곡된 듯 보인다, 끝이 나면서, 늘 그렇듯, 갑작스러운 게
아니라, 일종의 인공적인 엷은 안개가 무대에
뿌려져 어려운 세트 체인지를 가능하게 하는 것처럼.

내가 왜 멈췄던가? 어떤 본능이
어떤 형체를 분간했는지, 내 안의 그 예술가가
끼어들어서 가던 길 멈추라고 했는지, 말하자면?

형체. 혹은 운명, 시인들이 말하듯,
그 드문 오래 전 시간들에 맞닿은—

나도 한때는 분명 그렇게 생각했다.
하지만 그 용어를 나는 싫어한다
어떤 목발 같아서, 어떤 시기,
마음의 사춘기 같아서, 아마—

여전히, 그건 내가 내 실패를 설명하려고
자주 나 자신에게 썼던 용어였다.

숙명, 운명, 그 계획과 경고들이
이제는 다만 내게는
지엽적인 균형으로 보인다,
거대한 혼란 속 환유적인 싸구려 보석들—

내가 본 것은 혼돈이었다.
내 붓은 얼어붙었고—나는 색칠을 하지 못했다.

어둠, 고요: 그게 그 느낌이었다.

그러면 우린 그걸 뭐라고 불렀던가?
내 부모님이 부딪쳤던 그 나무에
상응하는 걸로 내가 믿은 일종의 "전망의 위기"

부모님은 어쩔 수 없이
그 장애물 앞으로 나아가야 했지만
나는 뒤로 물러났다 혹은 도망쳤다—

엷은 안개가 그 무대를 (나의 생을) 덮었다.
등장인물들이 왔다가 떠났고, 의상들이 바뀌었고,

붓을 든 내 손이 캔버스와 멀리 떨어져
좌우로 움직였다,
좌우로, 자동차 앞 유리 와이퍼처럼.

분명히 이건 사막이었다, 그 어둔 밤.
(실제로는, 런던의 복잡한 거리,
색색의 지도들을 흔들어대는 관광객들.)

하나의 단어를 누군가 말한다: *나*.
이 흐름 밖으로
그 대단한 형상들—

나는 깊은 숨을 쉬었다. 생각이 났다,
그 숨을 그린 사람은
내 이야기 속의 그 사람, 유치한 손으로
크레용을 확신에 차서 휘두르던 그 사람은 아니라고—

내가 그런 사람이었던가? 아이였지만 동시에
탐험가, 그 길이 갑자기 분명해지고,
초목이 그를 위해 갈라지는 그런 사람—

그 너머로, 더 이상은 시야를 가리지 않았기에
칸트가 그 다리로 가는 길에
아마 경험했을 고독을 드높였다—
(우리는 생일이 같다.)

밖에는, 축제의 거리들이
늦은 일월에, 지친 성탄의 불빛들로 엮여 있고.
연인의 어깨에 기댄 여인 하나가
가냘픈 소프라노 조로 자크 브렐을 노래한다—

브라보! 문이 닫혔다.
이제 어떤 것도 도망치지 않고, 어떤 것도 들어가지 않는다—

나는 움직이지 않았다. 사막이
앞에 펼쳐져 있다 느꼈다, 사방으로 펼쳐진 것 같아
(이젠 그렇게 보인다) 내가 말하면 움직이면서 말이다,

그래서 나는 계속하여
여백과 대면했다, 그
숭고함의 의붓자식,

그것은, 결국,
나의 주제이면서 도구였던 것.

나의 쌍둥이가 무어라 말했을까, 내 생각이
그에게 가닿기라도 했던가?

아마도 그는 말했을 것이다
내 경우에 장애물은 없었다고 (굳이 따져 보자면)
장애물이 있었다면 나는 종교를
불렀을 것이다, 신앙에 대한 질문들이
답을 얻었던 그 묘지를.

안개가 가셨다. 그 텅 빈 캔버스들은
안으로 방향을 틀어 벽을 바라보았다.

그 작은 고양이가 죽었네 (그래서 그 노래도 떠났다).

내가 죽음에서 부활할 수 있을까, 그 영혼이 묻는다.
태양은 말한다, 그래.
사막은 답을 한다,

너의 목소리는 바람 속에 흩어진 모래라고.

한밤

MIDNIGHT

마침내 그 밤이 나를 에워쌌다;
나는 그 밤 위를, 어쩌면 그 안을 떠다녔다,
혹은 밤이 나를 데리고 갔다 강이
보트를 데리고 가듯, 또 동시에
그 밤이 내 위로 소용돌이쳤다,
별이 총총했지만 그래도 어두웠다.

그 순간들을 위해 나는 살았던 거다.
나는 그 세계 위로, 신비롭게, 들린 것처럼 느꼈다
행동이 마침내 불가능해졌고
그래서 생각이 가능하게 또 무한해졌다.

끝이 없었다. 어떤 것도 할 필요가
없다고 나는 느꼈다. 모든 것이
나를 위해서, 혹은 나에게 행해질 것이어서,
그렇게 되지 않는 거라면, 꼭
필요하지도 않았다.

나는 발코니에 있었다.
내 오른손에 얼음 조각 두 개

녹고 있는 위스키 잔을 들고서.

정적이 내게 들어왔다.
그 밤과 같았다, 내 기억들—기억들은
고정되어 있었기에 별과 같았다, 물론
천문학자들이 하듯 누군가가 볼 수 있다면
그것들이 지옥 불처럼 끝나지 않는 불길임을 보게 될 거다.
나는 쇠 난간 위에 내 유리잔을 두었다.

아래엔, 강이 빛났다. 내가 말했듯,
모든 것이 반짝거렸다—별들, 다리의 불빛, 강에서
멈췄다가 다시 시작하는 것처럼 환하게
불 밝힌 그 중요한 빌딩들, 자연에 의해
중단된 사람의 일. 이따금씩 나는 보았다
저녁의 유람선들; 밤이 따스했기에
배는 여전히 사람들로 꽉 찼다.

이것이 내 어린 날의 대단한 소풍이었다.
강가에서 갈라 차로 마침표 찍는 그 짧은 기차 여행,
이모가 그 당시 산책이라 부른 그것,

그때 그 검은 물 위로 왔다 갔다 유람한 그 보트—

이모 손의 동전들이 선장 손으로 건네졌다.
나는 표를 받았다, 매번 새 번호였다.
그러면 보트는 물살을 탔다.

나는 형 손을 꼭 붙들었다.
우리는 하나하나 이어지는 기념물들을 보았다
늘 같은 순서로
그렇게 우리는 미래로 나아갔다
영원한 회귀를 경험하면서.

보트는 늘 강 위쪽으로 갔다가 되돌아왔다.
배는 시간을 따라서 또
시간을 거슬러서 이동했다, 비록 우리의 방향은
늘 앞으로 향해 있었지만, 뱃머리는 계속해서
물길을 갈랐다.

그건 일종의 종교 행사 같았다
군중들이 거기 서서

기다리고, 바라보는,
그게 제일 중요했다, 그 바라봄.

도시는 떠다녔다,
반은 오른쪽에서 반은 왼쪽에서.

봐, 얼마나 아름답니 이 도시,
이모가 우리에게 말하곤 했다. 그건
도시에 불이 켜졌으니까, 그런 것 같다. 아니면
누군가 안내 책자에서 그렇게 말했기 때문일 수도.

나중에 우리는 마지막 기차를 탔다.
나는 종종 잠이 들었다, 심지어 형도 잠이 들었다.
우리는 이런 강렬함이 낯선 시골 아이들이었다.
너네 진이 다 빠졌구나, 이모가 말했다.
마치 우리 어린 시절 전체가
탈진하는 기질을 가지기라도 한 것처럼,
기차 밖에선 부엉이가 울고 있었다.

집에 도착했을 때 우리가 얼마나 피곤했는지.

나는 양말을 신은 채 자러 갔다.

그 밤은 매우 어두웠다.
달이 떴고.
이모 손이 난간을 꽉 쥐고 있는 걸 나는 보았다.

엄청 신이 나서, 박수 치고 환호하며,
다른 이들은 위층 갑판으로 올라갔다,
육지가 바다로 사라지는 걸 보려고—

돌 속의 그 칼

THE SWORD IN THE STONE

내 상담 의사가 잠시 쳐다보았다.
당연히 나는 그를 보지 못했지만
나는 이미 배웠다, 우리가 함께한 세월 속에서
이 움직임을 직감하는 법을. 늘 그렇듯,
그는 내가 맞는지 틀렸는지
아는 척하려 들지 않았다. 나의 천재성과
그의 회피: 우리의 작은 게임.

그런 순간들, 그런 분석이
유행인 것 같았다: 내 안에서
내가 억누르려고 한 어떤 은밀한 쾌활을
끄집어내는 것 같았다. 내가 하는 연기에
의사가 무심했던 것이
지금 와 굉장히 위로가 된다. 친밀함이

우리 사이에 점점 자라났다,
커다란 성을 둘러싼 숲 같았다.

블라인드가 닫혔다. 흔들리는
빛살들이 카펫을 가로질러 나아갔다.

창틀 위 작고 길쭉한 틈으로
나는 바깥세상을 보았다.

지금까지 늘 나는 내 인생 위를
둥둥 떠다니는 아찔한 느낌이었다. 멀리서
그런 인생이 발생한 거다. 하지만 그게
여전히 일어나고 있었나: 그게 문제였다.

늦여름: 빛이 희미해지고 있었고.
화분의 식물들 위로 탈출한 조각들이 깜박였다.

그 분석은 칠 년째를 맞고 있었다.
나는 다시 그림을 시작한 참이었고—
작고 소박하게 스케치하는 정도, 가끔은
실용적인 물건들을 모델 삼아
삼차원 구성으로 그리기도 했다—

하지만, 그 분석은
내 시간을 많이 요구했다. 무엇에서
이 시간을 떼어 냈는지: 그것이

또 질문이었다.

누워서 나는 창문을 보고 있다,
긴 침묵 사이사이로
좀 맥 빠지는 생각들과
수사적인 질문들을 번갈아 하면서—

내 의사는, 나를 보고 있었다, 나는 그리 느꼈다.
내 상상 속에서는, 엄마가 잠든 아기를 쳐다보고 있다,
이해보다 용서가 먼저인 법이니.

아니면 아마도, 형이 그렇게 나를 바라봤거나—
아마도 우리 사이의 침묵이 이런 침묵을 먼저
보여 줬으니, 이런 침묵에선 말하지 않고 있는 모든 것이
어떻게든 공유되었다. 신비로워 보였다.

그리고 그 시간이 끝났다.

올라갔던 대로 나는 내려왔다;
경비원이 문을 열어 주었다.

그날의 포근한 날씨는 여전했다.
가게들 위, 줄무늬 차양이
과일을 보호하며 펼쳐져 있었다.

레스토랑들, 가게들,
석간신문과 담배를 파는 가판 상점들.
밖이 어두워질수록
내부는 더 환해졌다.

아마도 약이 잘 듣고 있었나?
어느 지점에서 거리의 불들이 들어왔다.

갑자기 카메라가 도는 것 같은 느낌이 들었다;
내 주변의 움직임을 나는 감지했고, 주변 사람들은
별 생각 없이 행동에 집착하는 듯했다—

얼마나 필사적으로 내가 이것에 저항했는지!
나한테 그건 피상적이고 틀린 것처럼 보였다, 혹은 아마도

부분적이고 틀린 것처럼—

진실이 어디 있든— 글쎄, 내가 본 진실은
고요로 표현되었다.

갤러리 창문 안을 유심히 바라보며 나는 잠시 걸었다—
내 친구들은 이미 유명해졌다.

뒤에서 강물 소리를 들었다,
레스토랑 허브 화분 향기에 섞여서
망각의 내음이 몰려왔다—

옛 친구를 만나 저녁을 먹을 참이었다.
그는 거기 우리가 자주 앉던 자리에 있었다;
와인이 따라졌고; 그는 웨이터와 이야기 중이었다,
양고기를 갖고 토론하는 참.

늘 그렇듯, 사소한 논쟁이 식사 중에 터졌다, 표면적으론
미학에 관한 것이었지만. 그냥 지나쳐도 되는 거였는데.

밖에선, 다리가 반짝반짝 빛났다.
차들이 앞뒤로 꼬리를 물었고, 강물이

다리를 따라 불빛에 반사되고 있었다. 예술을
반영하는 자연: 뭐 그런 느낌의 어떤 것.
내 친구는 그 이미지가 강력하다고 했다.

그는 작가였다. 그 당시 많은 소설들이
찬사를 받고 있었다. 이 작품이 그 작품 같았다.
하지만 그 친구는 자족감을 고통으로 위장했다,
아마 내가 고통을 자족감으로 위장했던 것처럼.
여러 해 서로를 잘 알고 있던 우리였다.

다시 한 번 나는 그가 게으르다고 비난했다.
다시 한 번 그는 그 말을 받아쳤다—

그가 잔을 들고선 거꾸로 부어 버렸다.
이게 당신의 순수야, 그가 말했다,
이게 당신의 완벽주의고—
잔은 비었다; 테이블보 위에는 어떤 흔적도 없었다.

와인이 내 머리로 간 것이다.
조금 취한 채, 집으로 천천히 걸어가며 나는 곰곰이 생각했다.

와인이 내 머리로 갔어, 아니면 그게
그 밤 자체였나, 여름 끝 감미로웠던 그 밤?

그게 비평가들이야, 그가 말했다,
비평가들은 생각이 있어. 우리 예술가들은
(그는 나를 포함시켰다)—우리 예술가들은
우리가 하는 게임의 아이에 불과해.

금지된 음악

FORBIDDEN MUSIC

오케스트라가 한참 연주를 하고 난 후, 안단테를 지나고 스케르초도 지나고, 포코 아다지오도 지나고, 그 첫 번째 플루트 연주자가 악기 헤드를 보면대 위에 올려놓았더랬다. 내일까지 더는 필요하지 않을 거라서. 연주될 수 없기 때문에, 작곡가가 구체적으로 밝히기를, 금지된 음악이라고 불렸던 악절에 도달했다. 악절이 있으니 지나가야 하는데 그 부분은 지휘자의 재량으로 긴 정지 구간으로 남겨놓았다. 하지만 오늘밤, 지휘자가 그 부분을 들려주기로 결심한다—그는 자기 이름을 휘날리고 싶은 욕망이 있다. 플루트 연주자가 놀라서 깨어난다. 그의 귀에 무슨 일이 생겼는데, 전에 한 번도 느껴보지 못한 일이다. 그의 잠은 끝났다. 지금 내가 어디 있지, 그는 생각한다. 그리고 그걸 반복한다, 침대가 아니라 바닥에 누워 있는 노인처럼. 내가 지금 어디 있나요?

열린 창문

THE OPEN WINDOW

한 나이든 작가는 이야기를 시작하기 전에 종이 위에 "끝"이라고 쓰는 습관이 있었는데, 그 이후 그는 종이들을 쌓아 두며 모으곤 했다, 종이 뭉치는 햇빛이 짧은 겨울에 대체로 얇았고, 젊은이처럼 생각이 다시 느슨해지고 결합되고 확장되는 여름에는 비교적 두터웠다. 분량에 상관없이 그는 이 텅 빈 페이지들을 마지막 페이지 위에 얹어서 그 마지막 페이지를 숨기곤 했다. 그래야만 이야기가 그에게 오곤 했기 때문이었고, 이야기는 겨울에 세련되고 담백했고, 여름에는 더 자유로웠다. 이런 식으로 그는 인정받는 장인이 되었다.

그는 시계가 없는 방에서 일하는 걸 좋아했는데, 하루가 언제 끝났는지 빛이 말해 줄 것을 믿었기 때문이다. 여름에 그는 창문 여는 걸 좋아했다. 그러면 어떻게 여름에 겨울바람이 방에 들어왔을까? 네가 옳아, 그는 바람에게 외쳤다, 이게 나한테 모자랐던 점이야, 이 결단력과 돌발성과 이 놀라움—그래, 내가 이걸 할 수 있다면, 나는 신이 되는 건데! 그런 다음 그는 서재의 차가운 바닥에 누워서 바람이 종이를 휘휘 저으며 글을 쓴 페이지와 안 쓴 페이지를 뒤섞는 것을 바라보았다, 그 종이들 사이에 끝이 있었다.

우울한 조수

THE MELANCHOLY ASSISTANT

조수가 하나 있었다, 그런데 그는 우울했다.
우울이 너무 심해 업무를 제대로 못할 정도였다.
그는 얼마 안 되는 내 편지를 열어서
답장이 필요한 이들에게 답하는 일을 했다,
내가 서명할 자리를 편지 아래에 남겨 두고.
내 서명 아래 자신의 이니셜을 표시했는데,
처음에 그는 그런 격식에 엄청난 자부심을 느꼈다.
전화가 울리면, 그는 상사가 부재중이라고,
전달할 메시지가 있는지 물었다.

몇 달이 지나고, 그가 와서 말했다.
선생님, (그게 그가 나를 부르는 법),
저는 이제 선생님께 아무 쓸모가 없어요; 나를 쫓아내세요.
그가 이미 가방을 싸고 떠날 준비를 한 걸
나는 알았다, 그때가 밤이었는데
눈도 내리고 있었는데. 그가 너무 안쓰러웠다.
그래, 내가 말했다, 이 몇 안 되는 일을 못한다면,
뭘 할 수 있겠이? 그는 자기 눈을 가리켰다,
눈물이 그득했다. 우는 건 할 수 있어요, 그가 말했다.
그러면 당신이 나를 위해 울어 줘요, 내가 말했다,

예수님이 인류를 위해 우신 것처럼.

여전히 그는 망설였다.
선생님 인생이 부러워요, 그가 말했다;
제가 울 때 저는 무슨 생각을 해야 할까요?
그래서 내가 말했다, 나의 날들이 얼마나 공허한지 생각해 보라고,
또 끝이 보이는 시간에 대해서도,
또 내 성취의 무의미함에 대해서도,

말하면서 나는 이상한 기분이 들었다,
또 다른 인간을 위해
뭔가를 한 번 더 느끼는 그런 기분—

그는 꼼짝 않고 서 있었다.
나는 난로에 작은 불을 피웠다;
죽어 가는 장작의 안온한 중얼거림을 들은 기억이 난다—

선생님, 그가 말했다, 선생님은
저의 고통에 의미를 주셨습니다.

이상한 순간이었다.
그 모든 교환은 지극히 가짜인 동시에
매우 진실된 것이었다. 공허함이나 무의미함 같은 그런 말들이
기억되는 어떤 감정을 자극하기라도 한 것 같았다.
이젠 그 감정이 이 일과 이 사람에게 밀착되었다.

그의 얼굴이 환히 빛났다. 눈물이
난롯불에 붉은 금빛으로 반짝였다.
그리고 그는 떠났다.

밖에는 눈이 내리고 있었다.
일련의 단조로운 일반화들로
바뀌고 있던 그 풍경은
눈이 떠다니는 곳에 여기저기
기묘한 형체들로 흔적을 남겼다.
거리는 새하얬다. 여러 나무들도 다 하얬다—
표면의 변화들. 하지만 그것이 정말로
우리가 늘 보는 선부가 아닌가?

단축된 여행

A FORESHORTENED JOURNEY

생각했던 것보다 계단이 좀 힘들다는 걸 알았다. 그래서 나는 주저앉아 버렸다. 말하자면, 여행 중간에 그랬다는 거다. 난간 맞은편에 커다란 창문이 있었기에 나는 바깥 거리의 작은 드라마나 코미디를 즐길 수도 있었다. 내가 아는 이는 지나가지 않았고, 나를 도와줄 누군가는 한 사람도 없었지만. 내 눈으로 확인해 보건대 계단을 이용하는 사람이 아무도 없었다. 일어나야 해, 얘, 속으로 말했다. 갑자기 이마저도 불가능해 보였기에 나는 그나마 차선을 선택했다: 잠 잘 준비를 한 것이다. 머리와 팔은 계단 위에, 몸은 아래로 쪼그리고 앉아서. 얼마 있다가 계단 꼭대기에 어린 소녀 하나가 나타났다. 나이든 여인의 손을 잡고서. 할머니, 그 어린 소녀가 외쳤다. 계단에 죽은 남자가 있어요! 그 사람은 자게 놔둬. 할머니가 말했다. 조용히 지나가자꾸나. 그 사람은 지금 인생에서 시작으로 돌아가는 것도 끝으로 나아가는 것도 견딜 수 없는 지점에 있어; 그러니 그 사람은 여기서, 도중에, 멈추기로 결심한 거야. 이게 우리 같은 다른 사람들에게 방해가 된다 해도 말이야. 하지만 우리는 희망을 포기하면 안 돼; 내 인생에도, 할머니는 계속 말했다. 그런 때가 있었거든. 오래 전 일이지만. 이쪽으로, 할머니는 손녀가 할머니 앞으로 걸어가게 했다. 그래서 나를 방해하지 않고 자기들이 지나가도록.

나는 할머니의 모든 이야기를 다 듣고 싶었던 것 같다, 왜냐하면 할머니가 지나갈 때 할머니는 인생에서 즐거움을 누릴 준비가 된 활기찬 여성, 동시에 아무런 환상이 없는 직설적인 사람으로 보였기 때문이다. 하지만 곧 그들의 목소리가 조용조용 잦아들었다, 아니면 멀리 가 버린 것이다. 우리가 돌아올 때 그 사람 다시 볼 수 있을까요, 아이가 중얼거렸다. 그땐 멀리 갔을 거야, 소녀의 할머니가 말했다, 오르거나 내려가는 걸 마쳤을 거야, 아마 그럴 것 같아. 그러면 지금 나 작별 인사할게요, 그 소녀가 말했다. 그리고 내 밑에서 무릎을 꿇고는 기도를 했다, 내가 알기론 죽은 사람을 위한 히브리인들의 기도였다. 선생님, 소녀가 말했다, 할머니 말씀으로는 선생님이 죽지 않았다는데, 제 생각에 이 기도가 선생님 공포를 달래줄 수 있을 거라 생각해요, 또 때가 됐을 때 제가 여기서 이 노래를 부를 수는 없을 거니까요.

선생님이 이걸 다시 듣게 되면, 소녀가 말했다, 아마 덜 무서울 거예요, 어린 소녀의 목소리로 처음 이 말을 어떻게 들었는지 선생님이 기억하기만 한다면요.

다가오는 지평선

APPROACH OF THE HORIZON

어느날 아침 일어났는데 오른쪽 팔을 움직일 수 없었다.
주기적으로 그쪽에 상당한 통증이 있어 힘들던 차였다,
내가 그림을 그리는 팔이었다,
그런데 이번에는 아무 통증이 없었다.
정말이지 아무런 느낌이 없었다.

의사가 한 시간 내로 도착했고.
즉시 다른 의사들의 질문이 있었다,
다양한 검사들, 절차들—
나는 의사를 보내 버리고는
대신 조수를 채용했다, 이런 메모들을 받아 적는 조수인데,
그의 기술이 내가 필요로 하는 부분에 분명 적절해서다.
조수는 머리를 숙이고 침대 옆에 앉는다,
자기가 묘사되는 걸 피하기 위해서일 게다.

그렇게 우리는 시작한다. 대기엔
경쾌함 같은 것이 있다,
새들이 노래하는 것 같다.
열린 창문으로는 향긋한 바람이 몰아친다.

내 생일이 (기억한다) 얼마 남지 않았다.
아마도 두 위대한 순간들이 충돌할 것 같다,
아마 나는 내 자아들이, 만나고 오고 가는 걸 보게 될 텐데—
물론, 내 원래의 자아는
벌써 죽어 버렸다, 그래서 귀신이
억지로 장애를 포용하게 되었다.

아, 하늘은, 여전히 너무 멀다,
침대에서는 하늘이 잘 보이지 않는다.
하늘은 지금 멀리 떨어진 가설로만 존재한다,
현실에 전적으로 얽매이지 않는 자유의 공간.
나는 노년의 승리를 상상하는 나를 본다,
내 왼손으로 그린
순수하고, 환상적인 그림들—
또 "남아 있는" 것으로서 "남은."

창문이 닫혔다. 침묵이 다시 배로 커졌고.
내 오른쪽 팔에서 모든 느낌이 떠나갔다.

스튜어디스가 기내 서비스 오디오 부분의

종료를 발표할 때 같다.

느낌이 떠나갔다— 문득 생각하니
이건 훌륭한 비문이 될 것 같다.

하지만 전에 이런 일이 있었다고
내가 암시한다면 그건 틀렸다.
사실, 느낌이 계속 나를 따라다니며 괴롭혔다;
그건 그토록 자주 나를 좌절시켰던
표현의 선물인 것이다.
나를 망쳤던, 나를 괴롭혔던, 사실상 평생 동안.

조수가 머리를 든다,
그의 머리는 죽음이 가까워졌다는 사실이 고취시킨
추상적인 경외로 가득 차 있다.
전율하지 않을 수 없다, 정말로,
혼돈에서 형체가 이렇게 나타나는 건.

보니까, 기계가 하나 내 침대 옆에 설치되었다,
지평선을 향해 가는 나의 여정을

방문자에게 알려 주는 것이다.
내 시선이 그쪽으로 계속 떠다닌다,
자장가 부르는 사람의 목소리처럼
부드럽게 상승하고 하강하는
그 불안정한 선.

그러고 나서 그 소리는 잦아든다.
어느 지점에서 나의 영혼이
무한과 합쳐질 때, 무한은
직선으로 재현된다.
마이너스 기호처럼.

뒤에 남길 실체가 아무것도 없다는
그런 의미에서
나는 상속자가 없다.
아마도 시간이 이 실망감을 수정해 줄 것이다.
나를 잘 아는 사람들은 여기서 어떤 소식도 찾지 못할 것이다;
나는 공감한다. 애정으로 나와
묶여 있는 사람들은
이 경우 어쩔 수 없는

그런 왜곡을 용서해 주기를 바란다.

간단히 말씀드리겠다. 이것으로,
그 스튜어디스가 말한 것처럼
우리의 짧은 비행을 마감한다.

그리고 모든 사람들, 누구도 알지 못할 이들이
통로로 몰려든다, 그리고 모두 밀려간다,
그 종착역으로.

그 새하얀 연속

THE WHITE SERIES

하루가 계속해서 다른 하루를 잇는다.
겨울이 지났다. 크리스마스 전등들도 내려왔다
각양각색의 쇼핑 거리들을 가로질러 묶어 놓은
추레한 별들도 함께 내려왔다.
꽃수레들이 젖은 도로에 나타나고,
금속 양동이는 모과와 아네모네로 가득하다.

끝이 왔다가 갔다.
아니면 이렇게 말할까, 사이사이 끝이 다가왔다고;
나는 구름 사이를 헤치고 가는 비행기처럼 그걸 지나왔다.
다른 쪽엔 공중 화장실 위에 비어 있음 표시등이 아직도 빛났다.

이모가 돌아가셨다. 형은 미국으로 이사를 했다.

내 손목에는 시계 숫자판이 가짜 어둠 속에서 빛나고
(영화는 상영되고 있었다).
이건 그 시계의 특별한 기능, 빛이 없어도
숫자들 읽기 쉽도록 만든 인공의 푸르스름한 떨림.
멋지네. 나는 늘 생각했다.

하지만 시침의 그 고요한 이동은
더 이상은 내 시간관념을 대변하지 못했다
시간관념은 광대한 거리를 가로지르는 운동으로 표현된
일종의 정지 감각이 되어 버렸으니.

시계 바늘이 움직였다;
열두 시, 바라보니, 다시, 한 시가 되었다.

시간은 이제 이 환경이 되었고
나는 거기서 내 동료 승객들과 함께 적재되었다,
갓난아기가 튼튼한 아기 침대에 뉘인 것처럼,
아니, 더 폭넓게 말하면, 태아가
엄마 자궁에서 뒹구는 것처럼.

자궁 밖에서, 지구는 서서히 작아졌다;
날개를 치는 번개의 불길을 나는 볼 수 있었다.

돈이 떨어지자,
나는 잠시 몬태나 주
형의 땅에 있는

작은 집에 잠시 살러 갔다.

어두울 때 도착했는데;
공항에서 그만 가방들을 잃어버렸다.

수평으로 이동한 게 아니라
아주 낮은 곳에서
매우 높은 곳, 어쩌면 아직도
공중에 떠 있는 곳으로 간 것 같았다.

정말로, 몬태나는 달 같았다—
얼어붙은 도로를 형은 듬직하게 차를 몰았고,
이따금씩 멈춰 서서
어떤 특이한 암반을 가리켰다.

우리는 대체로 말이 없었다.
어린 시절 하던 걸 그대로
다시 하는 것 같았다,
다리가 서로 닿고, 이젠
책을 대신해서 운전대다.

하지만 가장 깊은 측면에서 보면 그건 서로 바꿀 수 있는 것들:
늘 형이 키를 잡고 조종했던 것만 아니라면,
형과 나는, 우울한 침실에서 나와서
여기저기 삐죽한 것들이 간간히 자리한
바위들과 호수들의 밤으로 들어갔다—

하늘은 검었다. 땅은 희고 차가웠다.

밤이 희미해지는 걸 보았다. 하얀 눈 위로
태양이 뜨고, 흰 눈이 이상한 분홍빛으로 바뀌었다.

그리고 우리는 도착했다.
난방이 돌아가길 기다리며 우리는 잠시 차가운 복도에 서 있었다.
형은 내 식료품 목록을 받아 적었다.
형의 얼굴에는
슬픔의 파동이 기쁨의 파동과 함께 어른거렸다.

물론 나는 콘월의 그 집을 생각했다.
그 소들, 방울 소리 단조로운 여름의 음악—

짐작하겠지만, 극심한 공포가 몰려드는 느낌이었다.

그런 다음 나는 혼자였다.
다음날, 가방들이 도착했다.

몇 안 되는 소지품들을 풀었다.
부모님 결혼식 날 사진에다
이제 이모 사진을 덧붙였다
좌절된 젊은 날의 사진, 이모가 소중히
간직하다 나한테 전해 준 기념품이었다.

이것 말고는, 세면도구와 약 조금,
겨울옷 조금이 전부.

형이 책과 잡지들을 갖다 주었다.
형은 신세계의 이런저런 기술들을 가르쳐 주었는데
나한테는 금방 쓸모없어질 거였다.

하지만 이것만은 내게 신세계였으니:
아무것도 없다는 것, 어떤 일도 일어나지 않으리란 것.

눈이 내렸다. 어느 오후엔,
내가 형수에게 그림을 가르쳐 주기도 했다.

어느 지점에서, 나는 다시 그림을 시작했다.

작품의 가치에 대해
어떤 판단을 내리는 건 불가능했다.
그림들이 아주 크다고,
새하얗다고만 말하는 걸로도 충분했다. 색칠은
두껍게 했다, 아주 불규칙적인 붓질로—

흰 들판들, 얼핏 보이는, 푸른
번득임, 서쪽 하늘의 그 푸른색,
내가 속으로
숫자판 파랑이라 한 색깔. 그건 내게 다른 세계를 말해 주었다.

그것이 말했다, 내가 내 사람들을
황야로 이끌었다고
거기서 그들이 정화될 거라고.

형수는 홀린 듯 서 있곤 했다.
이따금 조카가 왔다
(조카는 곧 내 인생 친구가 되었다)
나는, 형수가 말하곤 했다, 어떤 아이 얼굴을 봐요.

내 생각으론, 그녀는 겉에서 발산되는 감정들을 말한 거였다,
무기력함이나 적막함 같은 느낌들—

밖엔 눈이 내리고 있었다.
내가 그 고요 속에 받아들여졌다고, 나는 느꼈다.
그와 동시에, 붓질 하나하나가 다 결단이었다,
의식적인 결단은 아니지만, 그럼에도 어떤 결단,
예를 들어, 살인자가 방아쇠를 당길 때와 흡사한.

살인자가 말한다, 이거야. 이게 내가 하려는 거야.
아니면 아마도, 내가 해야 하는 일이야.
아니면, 이게 내가 할 수 있는 전부야.
이쯤에서, 생각건대, 유비 관계는 끝이 난다,
도덕적 판단의 혼돈 속에서.

나중에는, 짐작건대, 살인자는 아무것도 기억하지 못한다.
같은 식으로, 나는 이 그림들이 어떻게 탄생하게 되었는지
정확히 말할 수 없다, 비록 끝에 가서는
집에 부치기도 어려울 정도로, 그림이 많아졌지만.

내가 돌아왔을 때, 해리가 나와 함께 있었다.
내 생각에, 그 아이는, 순한 소년이다,
집안일이 적성에 맞다.
실제로, 그 아이는 요리를 혼자 배웠다,
공부 일정이 빡빡했는데도.

우린 서로 잘 맞는다. 일할 때 그 아인 가끔 노랠 부른다.
내 어머니도 그렇게 노래했다 (아니, 정확히 말하면, 그렇다고 이모가 말해주신 거다).
가끔은 내가 특정한 노래에 꽂혀서 주문도 하는데,
그러면 그 아이가 그 노래를 배우기 시작한다. 그 아이는, 말하자면,
싹싹한 소년이다. 산들은 살아 있네, 그 아이가 노래한다,
하고 또 한다. 가끔 내가 기분이 울적해지면
나를 따라다닌 자크 브렐 노래도.

그 작은 고양이는 죽었네, 그 뜻은, 내 생각에,
누군가의 마지막 희망.

그 고양이는 죽었네. 해리가 노래한다,
몸이 없이는 고양이는 아무 의미가 없을 게다.
해리의 목소리로, 그건 엄청난 위로다.

가끔 해리의 목소리가 떨린다, 벅찬 감정이 올라온 듯,
그러면 잠시 '산들은 살아 있네'가
'그 고양이는 죽었네'를 압도한다.

하지만 우리는, 대개, 어느 것을 선택할 필요는 없다.

그럼에도, 울적한 노래들이 그를 사로잡아서; 가사마다 변주를 한다.

고양이는 죽었네: 누가, 이제, 내 심장 위에
자기 심장을 대고 나를 데워 줄까?

희망의 끝. 그런 의미인 것 같다,

하지만 해리의 목소리로 거대한 문이 활짝 열리는 것 같다—

눈을 덮어쓴 고양이가 높은 나뭇가지들 속으로 사라진다;
아, 따라가 보면 나는 무얼 보게 될까?

말과 기수

THE HORSE AND RIDER

옛날에 말이 한 마리 있었다, 그 말 위에는 기수가 타고 있었다. 가을 햇살을 받으며 이상한 도시로 들어가는 말과 기수는 얼마나 멋져 보였는지! 사람들이 거리로 몰려들었고 높은 창문에서 소리를 질렀다. 나이든 여자들은 화분들 사이에 앉아 있었다. 하지만 당신이 다른 말이나 다른 기수들을 찾으면, 아무것도 보이지 않았다. 내 친구여, 그 동물이 말하길, 나를 포기하는 게 어때요? 여기선 혼자서, 당신 길을 찾을 수 있어요. 하지만 너를 포기하면, 기수가 말했다, 내 자신의 일부를 뒤에 남겨 두는 셈인데, 네가 나의 어떤 부분인지 모르는데, 내가 어찌 그럴 수 있겠나?

소설 작품 하나

A WORK OF FICTION

수많은 밤을 보내고, 그 마지막 페이지를 넘기자, 어떤 슬픔의 파고가 나를 에워쌌다. 다 어디로 갔는지, 그처럼 진짜 같아 보이던 이 사람들은 모두 다? 정신을 다른 데로 돌리려고 나는 밤 속으로 걸어 나갔다; 본능적으로 담배에 불을 붙였다. 어둠 속에 담뱃불이 반짝였다, 마치 살아남은 이가 피운 불 같았다. 하지만 누가 이 불을 볼 것인가, 무한한 별들 가운데 이 조그만 점을? 나는 어둠 속에 잠시 서 있었다, 담배가 번쩍 타들어 가며 점점 작아지고, 매 숨마다 참을성 있게 나를 파괴한다. 얼마나 작았는지, 얼마나 잠깐인지. 잠깐, 잠깐이지만, 지금 내 안에 있다, 별들은 절대 그럴 수 없다.

어느 하루 이야기

THE STORY OF A DAY

1.
오늘 아침 나는 여느 때처럼 잠이 깼다,
블라인드 사이로 들어오는 가느다란 빛줄기에,
처음 든 생각이 빛의 성질은
미완성이라는 것—

나는 빛을 그려 보았다 블라인드가 빛을 차단하기 전 존재했던 그대로—
빛이 어떻게 저지되는지, 너무 많은 약으로
멍해진 마음처럼.

2.
이윽고 나는
좁다란 테이블에 앉았다; 내 오른쪽엔
조촐한 식사 남은 것.

언어가 내 머릴 채우고 있었다, 거친 흥분이
깊은 절망과 교체되었나—

그런데 만약 시간의 본질이 변화라면,

어떤 것은 어떻게 무(無)가 되는가?
그게 내가 내게 던진 질문이었다.

3.
그 밤 내내 나는 테이블에 앉아 곰곰이 생각했다
마침내 머리가 너무 무겁고 텅 빈 것 같아
나는 억지로라도 누워야 했다.
하지만 나는 눕지 않았다. 대신, 나는 머리를 두 팔에 뉘었다,
앞에 있던 맨 나무에다 팔짱을 끼고 있던 터였다.
둥지 속 새끼 새처럼, 머리를
내 팔 위에 얹었다.

건기였다.
시계가 세 시를 치는 소릴 들었다, 그리곤 네 시—

이 시점에서 나는 방을 서성이기 시작했고
조금 있다가는 바깥 거리를 서성였는데,
거리의 갈림길과 구불구불한 길은 이런 밤에
나에게 익숙했다. 나는 돌고 또 돌았다,
본능적으로 시계 바늘을 흉내 내어.

내려다보니 신발이 온통 먼지투성이였다.

이제 달과 별들도 희미해졌다.
하지만 시계는 교회 첨탑 속에서 여전히 빛나고 있었다—

4.
그렇게 나는 집으로 돌아왔다.
계단이 끝나는 현관 입구에
한참을 서 있었다,
문을 여는 것도 잊고.

해가 뜨고 있었다.
대기는 이미 묵직해졌다,
더 큰 물질이 대기 중에 있어서가 아니라
숨쉴 만한 게 하나도 남아 있지 않아서였다.

눈을 감았다.
대립 구조와 서사 구조 사이에서
나는 너덜너덜해졌다—

5.

방은 내가 떠난 그대로였다.
구석에 침대가 있었다.
창문 아래 테이블이 있었다.

빛이 창문을 강타하고 있었다,
마침내 내가 블라인드를 올리자
거기서 빛이 다시 고르게 퍼졌다
그늘 드리우는 나무들 사이로 깜박거리며.

여름 정원

A SUMMER GARDEN

1.
몇 주 전에 엄마 사진을 찾았다, 햇살 아래 앉아 계신
엄마 얼굴은 성취 혹은 승리로 상기되어 발그스름하다.
태양이 빛나고 있었다. 개들은
엄마 발치에서 자고 있었다, 시간도 잠들어 있는 곳,
모든 사진에서처럼 조용히 흔들림 없이.

나는 엄마 얼굴에 묻은 먼지를 닦았다.
정말이지, 먼지는 모든 것을 덮었다; 내겐 마치 어린 시절의
유물 전부를 보호하는 끈질기고 아련한 노스텔지어 같았다.
배경에는 공원 시설물들 여럿, 나무들과 관목 숲도 있었다.

태양은 하늘에서 더 낮게 움직였고, 그림자가 길어졌고 짙어졌다.
내가 먼지를 더 없앨수록, 그림자들이 더 길어졌다.
여름이 왔다. 아이들은
장미 꽃밭 경계 너머로 몸을 기울였고,
아이들 그림자가 장미 그림자와 합쳐졌다.

어떤 말이 내 머리에 떠올랐다,
이 자리바꿈과 변화를 가리키는 말,

이제는 분명한 이런 지움들—

그 말이 나타났다가, 재빨리 사라졌다.
그건 눈멂이었나, 어둠이었나, 위험이었나, 혼란이었나?

여름이 왔다, 그리곤 가을이. 이파리들은 뒤척였고,
아이들은 구릿빛과 적갈색 뭉개진 속 밝은 반점들이었다.

2.

내가 이 일들에서 좀 벗어나자
나는 그 사진을 내가 찾았던 그대로
오래된 문고판 책에 끼워 놓았다.
그 문고판 책은 많은 부분이 여백에
주석이 달려 있었다. 때로 단어들로 그러나 대개는
호기로운 질문들과 감탄들이었다.
가령, "맞아" 아니면 "글쎄, 과연 그럴까" 같은 말들—

잉크는 색이 바랬다. 여기저기서 그 독자가
어떤 생각을 했는지는 알아보기 힘들었지만,
잉크 얼룩들을 통해서 나는 어떤 긴박함을
감지할 수 있었다. 눈물이 떨어진 것처럼.

그 책을 나는 잠시 갖고 있었다.
제목이 *《베니스에서의 죽음》*(번역하자면)이었다;
만일을 대비해 그 페이지에 표시를 해 두었는데, 프로이트가 믿었듯,
어떤 것도 우연은 아니다.

그래서 그 작은 사진은
다시 파묻혔다, 과거가 미래에 파묻히듯이.
가장자리엔 단어가 두 개 있었는데,
화살표로 연결되어 있었다: "불모" 그리고, 페이지 아래쪽으로, "망각"—

"그에게는 그 창백하고 사랑스러운
소환하는 이가 저기서 웃으며 그를 손짓해 부르는 것 같았다……."

3.
그 정원은 얼마나 고요한지;
바람도 그 산수유나무를 헝클어뜨리지 않는다.
여름이 왔다.

얼마나 고요한지
인생이 승리를 거두었으니. 그 꺼끌꺼끌한

플라타너스 기둥들이
미동도 없이 켜켜이 쌓인 나뭇잎을
지탱하고 있고,

그 아래 잔디밭은
무성하여, 무지갯빛—

하늘 한가운데엔,
그 잘나신 신이.

상황은, 그가 말한다. 상황은, 상황은 바뀌지 않아;
대답도 바뀌지 않는다.

얼마나 숨죽였는지, 청중뿐만 아니라
그 무대도; 숨 쉬는 것조차
방해가 되는 것 같다.

그는 분명 아주 가까이 있다,
풀은 그림자가 없다.

얼마나 고요한지, 얼마나 적막한지,
폼페이의 오후 같다.

4.

엄마가 간밤에 죽었다,
절대로 죽지 않는 엄마가.

겨울이 대기에 있었다,
아직 여러 달 남았지만,
그래도 대기는 겨울이었다.

오월 십일이었다.
히야신스와 사과꽃이
뒤쪽 정원에 피었다.

마리아가 체코슬로바키아 노래를 부르는 걸
우리는 들을 수 있었다—

나 얼마나 외로운지—
그 비슷한 노래.

나 얼마나 외로운지,
엄마도 없고, 아빠도 없고—

두 분 안 계시니 머리가 텅 빈 것 같아.

향기가 둥둥 지상으로 떠다니고;
싱크대엔 설거지 그릇들,
헹구고는 포개 놓지 않은.

보름달 아래
마리아가 빨래를 개고 있었다;
빳빳한 시트가 잘 말라서
하얀 직사각형 달빛이 되었다.

나 얼마나 외로운지, 하지만 음악 안에서
내 외로움은 내 기쁨이 되어요.

오월 십일이었다.
구일이었던 것처럼, 팔일이었던 것처럼.

엄마는 침대에서 자고 있었다,
두 팔을 죽 뻗고, 엄마 머리는
팔 사이로 반듯이 뉘어져 있었다.

5.
베아트리체가 아이들을 체다허스트에 있는 공원에 데리고 갔다.
햇살이 빛나고 있었다. 머리 위엔 비행기들이
이리저리 지나갔다, 평화로웠다, 전쟁이 끝났으니.

그건 그녀 상상의 세계였다:
사실인지 거짓인지는 중요하지 않았다.

새로 닦아서 반짝이는—
그게 그 세계였다. 먼지는
사물의 표면에서 아직 폭발하지 않았다.

비행기들이 이리저리 지나갔다, 로마를
향해, 파리를 향해—네가 공원을 가로질러
날아가지 않으면 거기에 갈 수 없다. 모든 것은
다 지나가야 한다, 어떤 것도 멈출 수 없다—

아이들이 손을 잡고선, 장미
향기를 맡으려고 몸을 기울였다.
다섯 살, 일곱 살이었다.

끝이 없어, 끝이 없어—그것이
그녀의 시간 개념이었다.

그녀는 벤치에 앉아 있었다, 떡갈나무 뒤에 살짝 가려진 채.
저 멀리서, 두려움이 나타났다가 사라졌다;
기차역에서는 기차가 내는 소리가 들렸다.

하늘은 분홍색 오렌지색, 하루가 끝났으니 더 늙었다.

바람은 없었다. 여름날이
초록 풀 위에 떡갈나무 모양의 그림자를 드리웠다.

공원의 그 커플

THE COUPLE IN THE PARK

공원에서 한 남자가 혼자 걷고 있다. 그 옆에는 한 여자가 걷고 있다. 마찬가지로 혼자다. 어떻게 아느냐고? 그 두 사람 사이에는 운동 경기장에서 보는 선 같은 선이 하나 존재하는 것 같다. 하지만 어떤 사진 속에서 그 두 사람은 결혼한 커플처럼 보일지도 모르겠다. 그들이 함께 견뎌 낸 여러 번의 겨울에, 또 서로에 대해 지쳐 있는. 다른 때에 그들은 우연히 만난 낯선 사람들이 될지도 모른다. 여자가 책을 떨어뜨린다; 책을 주우려고 여자가 몸을 굽힌다, 우연히 그 남자의 손을 스친다, 여자의 심장이 아이의 뮤직 박스처럼 활짝 열린다. 뮤직 박스 밖으로 나무로 만든 작은 발레리나가 나온다. 내가 이걸 만들었지, 그 남자는 생각한다; 그 여자는 그 자리에서 빙그르르 돌기만 할 뿐인데, 그래도 그 여자는 일종의 댄서다, 그냥 나무토막은 아닌 것이다. 그래야 나무들에서 나오는 그 알쏭달쏭한 음악을 이해할 수 있다.

독자를 위한 안내

시인이 이 시집에서 번역이 불가능하다고 판단하여 특별히 독자들에게 설명하기를 요청한 구절이 세 구절이 있는데, 이에 대한 메모를 붙이며 번역 과정을 짧게나마 설명하고자 한다.

1. 이 시집의 표제 시 〈신실하고 고결한 밤〉에서 시의 화자는 어린 날, 형이 읽던 책의 제목 '신실하고 고결한 기사'(The faithful and virtuous knight)에서 기사(knight)를 밤(night)으로 잘못 알아듣는다. 우리말에서 영어의 동음이의어 'knight'와 'night'에 해당되는 단어를 찾기 위해 오래 고심했지만 도저히 찾기가 어려웠다. 이 시집에서 이 모티브가 중요한 부분이기에 이 점을 작가와 저작권사의 요청에 따라서 특별히 밝혀둔다.

2. 시 〈모험〉에서 "아이고 아이고, 내 심장이 말했어, / 아니면 이거였나, 아니야, 아니야—구별이 어려웠지."의 원시는 "Neigh, neigh, said my heart, / or perhaps nay, nay"이다. 여기서 'neigh(포유류 말이 내는 소리)'와 'nay("no"의 옛말 형식)' 비슷한 소리의 혼선을 작가가 의도한 것인데, 작가는 이 구절 또한 번역 불가능한 부분으로 보았다. 시인이 번역 불가능한 부분으로 본 그 구절에서 역자는 말의 울음 대신 사람의 울음소리를 뜻하는 단어를 택하여 두 단어 사이에서 발생하는 소리의 혼선을 최대한 살리고자 했다.

3. 시 〈다가오는 지평선〉의 5연에서 "내 왼손으로 그린 / 순수하고, 환상적인 그림들— / "남아 있는" 것으로서 "남은""의 원시 부분은 "immaculate, visionary drawings / made with my left hand— / "left," also, as "remaining.""이다. 여기서 시인은 영어 단어 "left"의 중의적인 의미(형용사 왼쪽, 좌측, 동사 leave의 과거/과거분사형, 동사 leave는 떠나다 출발하다 그만두다 등의 의미가 있다)를 의식했다고 한다. 번역 또한 이 구절들의 중의성을 최대한 살렸는데, 여기서 left는 그림을 주로 그리던 오른팔이 아파서 못 쓰게 되어 어설프게나마 왼팔, 왼손으로 그림을 그렸다는 걸 가리키면서 동시에 그런 행위를 통해 남은 그림들을 뜻한다. 번역에서도 그 다층적인 의미를 최대한 살리고자 했다. 그 효과를 위하여 두 번째 등장하는 "left"의 "왼"의 의미는 오히려 지우는 것이 나았다. 그나마 남은 왼손으로 그린 그림이 남았기 때문이다. 이 부분도 시인과 저작권사에서는 번역 불가능한 부분으로 보았는데, 역자로서는 그 불가능을 넘어서 어느 정도는 원시의 다층성을 살렸다고 판단한다.

신실하고 고결한 밤

초판 1쇄 인쇄일 2022년 10월 24일
초판 1쇄 발행일 2022년 11월 7일

지은이 루이즈 글릭
옮긴이 정은귀

발행인 윤호권
사업총괄 정유한

편집 구민준 **디자인** 박지은(표지) 김지연(본문) **마케팅** 정재영 명인수 윤아림 김솔희 이아연
발행처 ㈜시공사 **주소** 서울시 성동구 상원1길 22, 6-8층(우편번호 04779)
대표전화 02-3486-6877 **팩스(주문)** 02-585-1755
홈페이지 www.sigongsa.com / www.sigongjunior.com

ISBN 979-11-6925-275-1 03840

신실하고
고결한 밤

F a i t h f u l   a n d   V i r t u o s   N i g h t

신실하고 고결한 밤

작품 해설 무한한 끝들을 향한 영혼의 여행_나희덕

옮긴이의 말 낮은 목소리로_정은귀

시공사

작품 해설

무한한 끝들을 향한 영혼의 여행

나희덕(시인, 서울과학기술대 교수)

낮에서 밤으로의 여행

여기, 간신히 존재하는 사람의 시가 있다. 지상에 거주하면서도 반쯤은 죽은 자들과 함께 살아가는 영혼이 있다. 아침이면 망자들의 손길을 느끼며 깨어나고, 저녁이면 환영들과 함께 잠이 드는 사람. 낮의 현실보다는 밤의 꿈속에서 한결 선명하게 살아 있는 사람. 삶의 활기가 조금씩 증발되거나 표백되어 가는 공간에서 나지막하게, 그러나 아주 오래 말하는 사람. 《신실하고 고결한 밤》을 읽으며 내가 떠올린 루이즈 글릭의 이미지다.

《신실하고 고결한 밤》은 2014년에 출간된 루이즈 글릭의 최근작으로, 전미도서상을 수상한 시집이다. 2020년 노벨문학상 수상자이기도 한 루이즈 글릭이 말년에 이르러 유년 시절의 기억을 반추하며 자전적 에피소드들을 담아낸 작품이다. 짧은 시 형식과 간결한 언어를 선호해 온 시인이 이 시집에서는 장시 형식의 긴 호흡으로 자신의 생애를 재구성해서 들려주고 있다. 그러면서도 풍부한 시적 상징과 알레고리, 화자의 다채로운 설정 등을 통해 고백적 서정시의 한계를 넘어 보편적 공감을 이끌어 낸다. 스물네 편으로 구성된 이 시집은 각 시가 독립적이면서도 서로 연결되어 있어서 시집 전체가 하나의 서사 구조를 지닌 것처럼 보인다.

시집의 서시 격에 해당하는 〈우화〉는 영혼의 여행이 시작되었음을 알린다. 이 시에서 '여행'은 목적 없는 '방랑'이 아니다. "속세의 것들을 내버리고" 성화된 세계로 떠나는 일종의 '순례'라고 할 수 있다.

'우리'는 여행의 목적과 방법 등에 대해 계속 대화를 나누며 합의에 도달한 것처럼 보였지만, 몇 년 후에도 여전히 그 첫 단계에 머물러 있다. 어디로도 떠나지 못한 채 '우리'는 내내 "여행을 시작할 준비를" 하며 늙어 버린 것이다.

그런데 인생 자체를 여행이라고 본다면 그것은 "낮에서 밤으로"의 시간 여행이라고 말할 수 있지 않을까. 다른 곳으로 떠나지 못했지만 '지금 여기'에서 매일 반복되는 일상을 살아 내며 무수한 낮과 밤 들을 거쳐 왔으니 말이다.

시인에게 중요한 것은 '목적지'를 '어디'로 할 것인지보다 일상적 시간 속에서 '진실'을 '어떻게' 대면하느냐에 있다. 그리고 진실을 대면하기 위해 무엇보다 "자유로워야 한다"고 시인은 생각한다.

(몇 년 후에도) 우리는 그 첫 단계에 계속 머물러 있었다, 아직도
여행을 시작할 준비를 하며, 그럼에도 우리는 변했다;
이걸 서로 볼 수 있었다; 비록 우리, 변하긴 했지만
절대 움직이지 않았고, 한 사람이 말했다, 아, 우리가 어떻게 늙었는지 봐, 낮에서
밤으로만 여행하며, 앞으로도 옆으로도 가지 않고, 그러다 보니 이게 이상하게
신비로워 보이기도 했다. 또 우리가 목적을 가져야 한다 믿었던 이들은
바로 이게 그 목적이라 믿었다, 또 진실을 대면하려면 자유로워야 한다고
믿었던 이들은 그것이 드러났다고 느꼈다.

〈우화〉 부분

그런데 이 시의 화자인 '우리'는 누구를 가리키는 대명사일까. 시인은 왜 1인칭 단수인 '나'가 아니라 '우리'라는 화자를 내세운 것일

까. 이 '복수적 주체'를 명료하게 한정짓거나 설명하기는 쉽지 않지만, '우리'는 '여행'을 둘러싸고 펼쳐지는 다양한 목소리들을 포괄하거나 시인 안에 존재하는 여러 개의 퍼소나들로 보인다. 또한, 독자를 청자로 호명하며 이 '영혼의 여행'에 초대하는 것처럼 느껴지기도 한다.

다른 시들에서도 화자의 '혼종성'이나 '익명성'이 두드러지는데, 이는 루이즈 글릭이 전통적 서정시인이 아니라 매우 모던한 기법을 체득한 다성적 시인임을 잘 보여 준다. 루이즈 글릭은 미국 시단에서 투명하고 정직한 언어로 서정적인 시를 쓰는 여성 시인으로 인식되어 왔다. 강렬한 자전적 경험을 표현한다는 점에서 고백시의 후예로 분류되기도 했다. 그러나 《신실하고 고결한 밤》을 읽어 보면, 그가 '서정'과 '탈서정' 사이에서 얼마나 뛰어난 균형 감각을 지니고 있는지, 대범한 서사적 스케일과 다채로운 극적 발화를 구사하는 시인인지 알 수 있다.

무한한 끝들을 향해

〈우화〉 뒤에 이어지는 〈모험〉에서도 '나'라는 화자와 '우리'라는 화자가 혼용되고 있다. 표제작인 〈신실하고 고결한 밤〉에서는 여성적 퍼소나가 아닌 '소년'을 가상적 화자로 설정함으로써 자전적인 요소를 지우고 서사에 객관성을 부여한다. 이 두 편의 시에서 전개되는 '모험' 또는 '탐험'의 과정은 낮에서 밤으로의 시간 여행이자, 삶에서 죽음으로, 현실에서 꿈으로, 현재에서 과거로의 여행이기도 하다. 이렇게 과거의 기억을 향해 회귀와 순환을 거듭하는 "돌고 도는 여행에 대한 취향"(〈예리하게 말이 된 침묵〉)은 시집 전체에 일관되게 나타난다.

> 이런 생각을 했어, 모든 인간은
> 앞으로 나아가길 원하는 사람들과
> 뒤로 돌아가길 원하는 사람들로 나뉜다고.
> 아니면 이렇게 말할 수 있어, 계속 움직이려는 사람들과
> 번뜩이는 검(檢)에 의해 달리던 궤도에서
> 멈추어지길 원하는 사람들.
>
> 〈신실하고 고결한 밤〉 부분

이 시에서는 인간을 두 부류로 나누고 있다. "앞으로 나아가길 원하는 사람들"과 "뒤로 돌아가길 원하는 사람들", 또는 "계속 움직이려는 사람들"과 "멈추어지길 원하는 사람들". 이 분류법에 따르자면 루이즈 글릭의 시에 나타난 화자들은 명백히 후자에 해당한다. 그들은 매 순간 뒤로, 과거로, 근원으로, 출발점으로 돌아가고자 하고, 성스러운 검(檢)에 의해 달리던 궤도에서 멈추어지기를 원한다. 새로운 세계를 향해 나아가는 것이 아니라, 회귀와 정지를 통해 "새로운 세계들이 만들어"(〈예리하게 말이 된 침묵〉)진다고 느끼기 때문이다. 〈우화〉에서처럼 시작이 곧 끝이고, 끝이 또 다른 시작이 되는 이 여행은 시작되었으나 끝내 시작되지 못한 셈이다.

〈신실하고 고결한 밤〉의 화자는 이렇게 말한다. "시작하는 게 그렇게 어렵다면, 어떻게 끝날지 생각해 봐—"라고. 이 시는 형과 함께 이모 집에서 자라난 고아 소년의 성장기를 담고 있다. "하나의 커다란 기억을 구성하는 기억들"이 스무 페이지 가깝게 펼쳐지는데,

형이 읽어 주던 아서왕 이야기가 안개 속의 등대처럼 빛나며 추억을 불러온다. 그러면서 '나'의 여행은 '아서왕'의 서사와 겹쳐지는데, 이야기 속 '기사(knight)'를 '밤(night)'으로 잘못 들은 덕분에 '밤'은 신화적 아우라를 갖게 되었다. 형마저 부모님처럼 사라져 버리고 난 뒤에 "신실하고, 고결한" 밤이 돌아오기를 기다리는 '나'에게 "그 빛나는 시작은 / 끝없이 계속되는 중간이 되었"다. '나'는 "위안이 되는 어둠" 속에서만, 꿈이나 환상 속에서만 "가장 깊은 친밀함"을 느끼지만, "침묵의 신비"에서 풀려나는 순간 "영혼"은 번번이 "빈손으로" 돌아온다. 그렇게 시간이 흐른 뒤 '나'는 '소년'으로 '한 남자'로 성장하고, 시는 이렇게 끝난다.

이쯤에서 나 생각하네, 너를 떠나야겠다고. 보자 하니
완벽한 끝은 없는 것만 같아.
사실, 무한한 끝들이 있지.
아니면 일단 누군가 시작하면,
다만 끝이 있을 뿐.

〈신실하고 고결한 밤〉 부분

이처럼 모든 이야기나 여행은 시작과 끝 사이에 처해 있다. 시작했으니 끝을 맺어야 하고 태어났으니 살아가야 한다. 하지만 화자의 말처럼 "완벽한 끝은 없"고, 다만 "무한한 끝들이 있"을 뿐이다. 표제작을 비롯해 여러 시편들에서 펼쳐지는 '시작'과 '끝'에 대한 사유 속에서 '밤'은 새로운 시간성과 공간성이 생겨나는 배반이 되어 준다.

〈콘월〉이라는 시는 영국의 최남단인 콘월 지방에서 지내던 시절에 대해 쓰고 있는데, 그 들판과 초원에서도 '나'는 "끝"을 어김없이 만난다. '나'는 책을 덮으며 말한다. "모두 내 뒤에, 모두 과거 속에 있었다. // 앞에는, 내가 말한 것처럼 적막이 있었다"라고. 혼자 침묵 속에서 보낸 이 고요한 나날들에 '안개'가 걷히고 '촛불'이 켜지는 시간 또한 '밤'이다. "낮이 밤으로 바뀌고, 땅과 하늘이 / 차례로 환해"지는 순간 '신실하고 고결한 밤'은 다시 시작된다.

과거에서 온 얼굴들

이 시집은 죽은 자들과 만나고 대화하는 일종의 '무대'와도 같다. 다양한 화자가 등장하고 대부분의 시들이 대화체로 되어 있는 것도 그래서이다. 대화의 상대는 대체로 먼저 세상을 떠난 가족들, "어머니와 아버지, 갓난쟁이 언니"다. 루이즈 글릭이 고등학교 때부터 거식증과 우울증을 앓았고 7년 동안 정신분석을 받았다는 사실은 두루 알려져 있다. 갓난쟁이 언니가 죽고 자신이 태어났다는 죄책감, 어머니와의 불화와 트라우마, 아버지의 죽음과 전소된 집에 대한 상실감 등이 시편 곳곳에 나타난다. 이런 시인에게 고통스러운 기억을 대면하고 망자들과 만나는 일은 뒤늦은 화해와 애도의 과정이자 자기 치유의 일환이라고 볼 수 있다.

과거에서 온 얼굴들이 내게 나타났어 :
어머니와 아버지, 갓난쟁이 언니; 부모님과 언니는 말하고자 한 걸
끝내 다 못한 것 같았어, 지금은 나
그것들 다 들을 수 있을 것 같은데, 내 심장 고요하니.

(중략)

이제 그 환영은 끝이 났어. 나는 침대에 있었고, 아침 해가
흡족하게 떠오르고 있었고, 깃털 이불이
내 다리 위로 하얗게 떠 있고.
당신은 나와 함께 있었어—
두 번째 베개가 움푹 들어간 걸 보면.
우리는 죽음에서 도망쳐 나왔던 거야—
아니면 이게 그 절벽에서 본 광경이었나?

〈모험〉 부분

"과거에서 온 얼굴들"은 말하고자 했지만 끝내 하지 못한 말들을 들려주고, '나'는 그들에게 답을 해야 한다. 망자들과의 만남은 꿈이나 환영임에도 불구하고 매우 사실적으로 묘사된다. 꿈에서 본 죽음의 세계가 현실보다 더 생생하게 느껴지는 아침, '나'의 영혼은 얼마나 멀리 다녀온 것인가. '나'는 "그 환영"이 끝나는 순간 침대 위의 자신을 발견하지만, "죽음의 왕국으로 들어가" "죽음에서 도망쳐 나"오는 '모험'을 밤마다 떠난다. 〈신실하고 고결한 밤〉에 나오는 아서왕처럼 "영광스러운 기사"가 되어 "우리에게 열려 있는 / 그 광대한 영토"를 목도하기 위해, "탐험할 수 있는 산소가 남아 있는 / 다이버"처럼 모험을 계속한다.

흥미로운 것은 "그 사랑의 모험"을 두 번째 연에서 '시'와 병치시키고 있다는 점이다. 화자는 "무수한 심오한 발견들"이 우리를 기다렸지만, "이것들이 뭔지 이름 내라고 하지 않기를" 간절히 바란다고 말한다. 그래서인지 루이즈 글릭의 시에는 단정적인 문장이 거의 없다. 시인은 어떤 합의나 정리된 입장을 이끌어 내기를 계속 주저하

고, 무엇을 명명하는 일을 끝없이 유예한다.

이렇게 모순적인 것들을 동시에 수용하는 태도를 시인 존 키츠는 '부정적 수용능력(negative capability)'이라고 불렀다. 이 부정적 수용능력 덕분에 루이즈 글릭의 시에서 들려오는 다성적 목소리들은 독자로 하여금 풍부한 모호성에 머무르면서 진실을 대면하게 한다.

많은 어머니들 아버지들을 넘어서

〈밖에서 오는 사람들〉에서 방문자들의 도래를 알리는 것은 밤중에 울리는 전화벨이다. 세상을 떠난 부모님, 특히 어머니는 자신들의 이야기를 쓰지 않는다며 '나'를 힐난한다. 자신의 시에 가족들에 대한 이야기가 없었다는 자각이나 자책감을 망자인 어머니의 입을 통해 드러내고 있는 것이다.

추운데 어머니 아버지가 앞 계단에
서 계신다. 어머니는 나를 빤히 쳐다보신다,
엄마 딸이자, 여성 동료인 나를.
넌 우리 생각은 안 해, 어머니가 그러신다.

네 책들이 천국에 도착해서 우리는 책을 읽었어.
우리 이야기는 거의 없더구나, 언니 얘기도 거의 없고.
그리고 그들은 가리켰다, 내 죽은 언니를, 엄마 팔에
꽁꽁 싸인 완벽한 타인을.

우리가 아니면, 어머니가 말한다, 너는 있지도 않을 건데.

그리고 너의 언니—너는 네 언니의 영혼을 타고 났어.

그리고 나서 그분들은 사라졌다, 모르몬교 선교사들처럼.

〈밖에서 오는 사람들〉 부분

수화기를 들면 전화가 끊어지지만, '나'는 "그 전화벨을 분석하려" 애쓴다. 이때 '전화'는 죽음의 세계로 넘어가는 '문'과도 같다. 환영으로 등장하는 어머니의 영혼은 딸에게 너그럽지 못하고, 어머니의 공격적인 말은 비수처럼 '나'를 찌른다. "어머니의 / 고집과 아버지의 / 고통스런 당혹"이라는 표현에 나타나듯이, 루이즈 글릭은 독선적이고 외향적인 어머니와 불화를 겪은 반면 내성적인 아버지를 많이 의지했다. 그만큼 아버지의 죽음 이후 상실감도 컸다.

〈예리하게 말이 된 침묵〉에는 "내게 주의를 주고 나를 꾸짖는 예리하게 말이 된 어머니의 침묵들"이라는 구절이 나온다. 〈시원의 풍경〉에서는 엄마가 풀 위에 서 있는 나를 향해 "너는 네 아버지를 밟고 있구나"라며 꾸짖는다. 그러나 '나'는 "어머니도 돌아가셨"다는 사실을 떠올리며 주눅들지 않고 "다른 대안을 찾기 시작"한다. 이제 어머니와 아버지를 뛰어넘어야 할 시간이 다가왔다.

나를 잊어버리지 마세요, 나는 소리쳤다, 이제

많은 묘지들, 많은 어머니들 아버지들 뛰어 넘으며—

나를 잊어버리지 마세요, 소리치면서, 마침내 그에게 닿았다

여보세요, 그가 말했다, 그 선로들을 가리키며,

여기가 끝이란 걸, 당신 분명 알겠죠, 선로가 더는 없어요.

그의 말은 단호했지만, 그의 눈은 친절했다;

용기를 얻은 나는 내 사정을 더 강조했다.

하지만 철로는 돌아가요, 내가 말했고, 또 언급했다,

그 완강함을, 선로 앞에 그런 왕복들 많다는 듯이.

〈시원의 풍경〉 부분

아버지의 무덤을 밟고 있다고 생각했던 '나'는 그곳이 묘지가 아니라 공원이나 정원일 수도 있다는 생각에 이른다. "인생의 즐거움 대기를 가득 채우고, 삶의 달콤함"이 넘치는 어떤 장소일 수도 있다고. '나'는 집에 돌아가기 위해 기차를 멈춰 세운다. 그런데 안내원인 '그'는 단호하게 "여기가 끝이라"고, "선로가 더는 없"다고 가로막는다. "그 도시"에 당신도 돌아가고 싶지 않느냐고 묻는 나에게 '그'는 "여기가 나의 집"이라고 대답한다. 여기서 더 나아갈 수 없다는 '그'의 전언은 '나'의 용기와 의지를 다시 잠재우며 폐쇄 회로에 가두는 것처럼 보이기도 한다. 하지만 '그'를 "옛 친구"처럼 느끼며 혼자서 출구를 찾고 있다는 것은 이 여행자에게 커다란 변화라고 할 수 있다.

바로 그 다음에 이어지는 시가 〈유토피아〉인 것은 단순한 우연이 아니다. 흔히 '이상향'으로 번역되는 '유토피아(utopia)'는 원래 '없는(ou)'과 '장소(toppos)'의 합성어로, 현실에 존재하지 않는 곳을 뜻한다. 따라서 유토피아는 어떤 지정된 장소가 아니라, 우리로 하여금 이상을 향해 나아가게 하는 동력에 가깝다고 할 수 있다. 〈유토피아〉에서 '소녀'는 드디어 "기차를 탄다". 그리고 기차에서는 "그녀가 말하는 언어가 아니라 신음이나 울음 비슷한 어떤 소리"가 들려오기 시작한다.

어두운 방을 지나는 밝은 빛

그 반복과 순환의 선로를 거쳐 다시 〈신실하고 고결한 밤〉으로 돌아와 보자. "내 이야긴 정말 단순하게 시작"했지만, 그걸 말할 수 있어서 행복했다고 '나'는 말한다. 그 순간들이 마치 "어두운 방을 지나는 밝은 빛과 같았"다고. 어두운 방은 삶과 죽음이 만나는 통로로서, 그 모호하고 유동적인 공간에서만 시적 화자는 위로 받고 친밀한 온기를 느낀다. "내가 본 것이 / 세계의 실제 이야기보다는 / 내 자신의 공허를 지나는 통로 끝에 나오는 / 변모의 환상에 가까"울지라도 어둠을 통해서만 빛을 만날 수 있었다.

시집의 후반부로 갈수록 '빛'이라는 단어가 유난히 자주 나온다. 상담 의사에게 정신분석을 받았던 기억을 다룬 〈돌 속의 그 칼〉에서도 "빛살"이나 "불빛" 들이 곳곳에서 비치고 있다. "밖이 어두워질수록 / 내부는 더 환해졌다"는 문장처럼, 정신분석이나 미술치료도 더 이상 고통스러운 경험만은 아니다. 상담실을 걸어 나와 만난 바깥세상은 "불빛"뿐 아니라 "포근한 날씨" "강물 소리" "화분의 허브 향기" "와인" "양고기" 등 온갖 살아 있는 감각으로 넘쳐 난다.

작가인 친구와 논쟁 끝에 친구는 급기야 '나'의 머리에 와인을 부어 버리고 "이게 당신의 순수야"라고 말한다. 취기에 젖어 돌아오는 길, '나'는 그 감각과 사유를 예술가와 비평가의 관계에 대입해 본다. 이 대목은 자신의 시를 둘러싼 문단의 평가나 오해에 대한 항변처럼 들리기도 한다.

이렇게 시상이 비약하면서 시나 예술에 대한 메타적 인식이 끼어드는 시들이 여러 편 있는데, 〈금지된 음악〉 〈열린 창문〉 〈우울한 조수〉 〈소설 작품 하나〉 등이 그런 예다. 이 시들에서 화자의 목소리가 한결 당당하고 쾌활해진 느낌이 든다.

마침내 그 밤이 나를 에워쌌다;
나는 그 밤 위를, 어쩌면 그 안을 떠다녔다,
혹은 밤이 나를 데리고 갔다 강이
보트를 데리고 가듯, 또 동시에
그 밤이 내 위로 소용돌이쳤다,
별이 총총했지만 그래도 어두웠다.

그 순간들을 위해 나는 살았던 거다.
나는 그 세계 위로, 신비롭게, 들린 것처럼 느꼈다
행동이 마침내 불가능해졌고
그래서 생각이 가능하게 또 무한해졌다.

〈한밤〉 부분

〈한밤〉 〈그 새하얀 연속〉 등은 〈신실하고 고결한 밤〉과 동일한 소년 화자가 성인이 된 후의 목소리를 담고 있지만 분위기는 사뭇 다르다. '나'는 어린 시절의 기차 여행과 보트를 탔던 기억을 따뜻하게 떠올리며 "모든 것이 반짝거렸다"고 회고한다. 유년기의 기억은 더 이상 결핍과 우울에 갇혀 있지 않다. 인용한 첫 대목부터 가장 깊은 밤에 세계의 신비와 무한을 경험하는 '나'를 만날 수 있다. 그렇게 특별한 살아 있음으로 인해 일반명사인 '밤'은 '그 밤'의 고유성을 얻게 된다. '그 밤' 뒤에 다양하게 변주되는 조사들을 보면, '밤'과 '나'는 상호적 관계를 맺으며 "소용돌이" 속에 하나가 되어 있다. 바로 "그 순간들을 위해 나는 살았던" 것이다. 형의 손을 꼭 붙들고 기억의 강물을 거슬러 올라가는 '나'는 "그렇게 우리는 미래로 나아갔다"고 말한다. 그 아름다운 여행을 "영원한 회귀"라고 부르면서.

옮긴이의 말

낮은 목소리로

: 쓰고 옮기며 듣는 일, 그 신실함에 대해

정은귀

늦은 밤 지붕창으로 들리던 말

'신실하고 고결한 밤'은 어떤 밤일까? 밤에 우리는 무엇을 하는가? 잠을 자는가? 꿈을 꾸는가? 거리를 헤매 다니는가? 어디 멀리 전화를 하는가? 흰 공간을 응시하며 말을 고르는가? 울고 있는가? 사랑을 나누는가? 밤이 신실하고 고결하다는 건 대체 어떤 뜻일까? 'Faithful and Virtuous Night'라는 시집 제목을 처음 봤을 때부터 그 점이 제일 궁금했다.

2009년 《시골 생활》(Village Life)을 출판하고 2012년에 《1962년부터 2012년까지의 시》(Poem 1962~2012)를 낸 2년 뒤 2014년에 《신실하고 고결한 밤》이 나왔다. 개별 시집으로는 열두 번째 시집이고 60대에서 70대로 넘어가는 시절의 마음 풍경이 담겨 있다. 앞선 시집들과 결이 좀 다른 제목을 달고 있는 시집은 한 예술가가 자기 삶을 돌아보며 삶의 시작과 끝, 예술의 무게에 대한 묵상을 여러 다양한 시의 형식과 목소리로 들려준다.

이 시집을 나는 미국에서 처음 읽었다. 글릭이 노벨문학상을 받기 전이었다. 퓰리처상을 비롯하여 미국 시단에서 큰 상을 여럿 휩쓴 시인 글릭은 그동안 시의 서정성을 지속적으로 탐색하는 시인으로 내 비평적 관심사 안에 있던 터였다. 그때 나는 미국 버클리대학에서 안식년을 시작하고 있었는데, 도서관 카드를 만든 날 들른 도우 도서관(Doe Library) 지하에서 이 시집을 만났다. 시집을 보자마자 평소 수업에서 가르치던 《야생 붓꽃》의 세계에서 멀리 떠나온 듯한 이야기 시의 형식이 새롭게 느껴졌다. 그러니까 이 시집은 호기심으로 육중한 서가를 밀어서 수많은 시집들을 눈으로 훑던 그날 맨 처음 빌린 책이다. 환상과 현실, 꿈과 기억, 생의 유한성

(mortality)과 시작과 끝에 대한 고민이 다양한 형식으로 짜인 글릭의 열두 번째 시집은 그렇게 버클리의 고적한 밤에 내게로 왔다.

이 시들을 읽던 밤들이 기억난다. 사선으로 된 지붕에 통창이 있는 작은 방. 한낮에는 그 통창으로 햇살이 강하게 들어와 공부를 할 수 없었다. 밤이 더 안온하고 평화로운 집이었다.

그러다가 갑자기 팬데믹이 들이닥쳤다. 자가 격리령이 떨어진 나날, 살짝 열어젖힌 지붕창으로 늦은 밤 이웃집 여자의 음성이 간간이 들려오곤 했다. 목소리는 늘 하나, 누군가와 전화를 하는 음성이었다. 낯선 곳에서 듣는 낯선 억양의 영어가 이상하게 그 막막한 밤에 위안이 되었다. 늦은 밤 지붕창으로 목소리가 들리지 않는 날엔 혼자인 그 사람이 무얼 할까 상상하곤 했다.

그 밤에 《신실하고 고결한 밤》을 또박또박 읽었다. 때로 시 읽기에 초대된 시인처럼 소리 내어 낭송했다. 혼자였고 아무도 들어 주지 않았지만 어떤 규칙적인 리듬 없이 자유롭게 흐르는 문장들이 좋았다. 신실함이나 고결과는 거리가 먼 혼돈의 시절, 불안한 팬데믹의 시간, 라디오에 귀 기울여 빠르게 쏟아지는 말들을 들으며 고립의 낯선 바다를 건너던 그 막막한 밤. 신실하지도 고결하지도 않은 밤에 나는 신실하고 고결한 시의 언어를 만났다.

죽음 너머의 삶을 응시하는 일

시집은 〈우화〉라는 시로 시작된다. 이 시는 멀리 순례 여행을 떠나는 사람들을 그린다. 프란치스코 성인이 시의 첫 행에 등장하지만, 종교적인 의미를 크게 부여한 장치는 아니다. 오히려 시인은 이

세상의 '전장(戰場)'을 사는 우리를 순례 여행에 나선 이들로 묶는다. 의미 없는 전쟁에 나가 의미 없이 싸우고 지치지만 병사는 걸어야 한다. 대단한 탐험 여행을 떠날 준비를 하고서는 의미 없는 토론을 열띠게 하며 시간을 낭비하는 우리. 지나고 보면 하나도 중요하지 않은데 그 순간 목소리를 높이고 목숨을 건다. 홀로 또 무리 지어 걷는 그 먼 여정을 그리는 시를 맨 앞에 두고 시인은 죽음을 앞둔 예술가의 삶을 하나로 꿴다.

한 예술가가 만년에 이르러 돌아보는 기억 이야기로 정리할 수 있는 시집에서 시인은 '나'와 '우리' 그리고 남성성과 여성성이 혼재된 목소리들을 내세운다. 이전의 시집들에서 자전적인 서정시와 신화의 세계를 오가며 시의 폭을 넓힌 시인은 이번 시집에서 더 노련한 복화술을 구사하는 것 같다. 현실과 환상, 과거와 현재, 남성과 여성이 뒤섞인 복잡한 시의 목소리 안에서 서사적이고 극적인 방식으로 한 예술가의 삶이 엮인다.

시집 전체에서 '시작'과 '끝'을 둘러싼 순환의 감각이 두드러진다. 시작에서 끝으로 나아가는 여정은 우리가 태어나 살고 죽는 일직선의 시간이지만, 동시에 기억 속에서 되풀이되고 재현되는 반복과 겹의 시간이다. 충실한 삶을 살아 낸 예술가는 죽음을 생각하고 있지만, 그의 기억 안에서 시작과 끝은 단일하지도 일관되지도 않다. 사고로 죽음을 맞는 부모님 이야기가 기억 속에서 반복되듯, 우리네 삶은 언제나 갑작스럽게 끝을 맞이하고 시인 또한 시작과 끝이 단일하게 여며지지 않는 문장을 이어간다.

죽음을 앞둔 노년의 예술가의 기억을 더듬어 글릭은 삶의 여정을 지나 죽음에 이르는 인간 삶의 필멸을 응시하게 한다. 그렇다고 해서 삶이 지나와 다다르는 휴식으로 죽음은 그려지지 않는다. 살아 있는 내 안에 타인의 죽음이나 상실이 여전히 존재하듯이 시인은 기억 속에서 죽음을 거쳐 지나와 다시 시작하는 삶을 그린다. 계속하여 죽음을 사유하고 경험하면서 진행하는 삶 속의 죽음, 죽음 속의 삶. 끝과 시작은 그렇게 뫼비우스의 띠처럼 이어진다.

시인 개인으로는 태어나기도 전에 죽은 언니의 운명을 불가피하게 짊어지고 있었던 것처럼, 또 살면서 겪은 수많은 죽음들, 부모님의 죽음을 포함한 가족의 죽음들과 9·11 같은 국가적 재난의 현장까지 이 시집은 한 예술가의 의식을 통해서 꿈인 듯 환상인 듯 여러 형태의 죽음을 통과하는 삶을 그린다. 죽음을 통과하고, 죽음을 견디고, 죽음을 짐 지고 살아온 자의 기이한 참을성 많은 호흡이 시집 전체에 펼쳐진다.

시작이 있으면 무수한 '끝들'이 있는 이 삶 속에는 사랑도 있고 우정도 있고 우애도 있다. 그리고 그 다양한 감정들은 시 속에서 함께 섞여서 감지된다. 비교적 발랄한 사랑 시로 읽을 수 있는 〈모험〉에서 우리는 사랑을 나누는 사랑의 언어를 속삭이는 사람이었다가 어느 순간, 그림자처럼 증발하는 안개가 된다. 시인에게는 사랑 또한 죽음의 왕국을 지나와서 만나는 열락이면서 동시에 다시 또, 절벽 위에 서는 경험이기도 한 것이다.

시 한 편 한 편마다 시인 글릭의 개인적인 경험이 인류가 지나온 역사의 멀고 가까운 과거, 혹은 미래와 그려진다. 예술가, 화가, 사랑에 빠진 여자, 기억에 의지해 살아가는 사람, 글을 통해 죽은 자를 되살려 내는 작가, 비평가의 평을 의식하는 작가, 동료의 성취와 나의 성취를 비교하는 자의식 가득한 예술가. 〈돌 속의 그 칼〉 속 이야기는 목소리의 성별과 나이를 달리했지만 시인이 청년기에 받았던 심리 치료의 장면이 겹쳐 연상된다. 치료받는 대상이 되더라도 명민한 이는 쉽게 자기를 내보이지 않고 의사와 숨바꼭질을 한다. 시 속에 '수사적인 질문'을 번갈아하는 장면이 등장하는 것은 그런 이유다.

묻고 답하는 그 숨바꼭질 과정은 비평가와 독자를 앞에 놓고 글을 쓰는 작가로서의 예민한 자의식과 닮아 있다. 시를 읽으며 시인이자 작가로서 늘 견뎌야 하는 그 긴장을 상상하는 경험도 흥미롭다. 별 시답잖은 작품으로 성공한 친구는 자족감을 고통으로 위장한다. 독자는 그 고통에 속아 열광하고, 고통을 자족감으로 위장하는 나는 독자에게 외면당한다. 순수와 완벽의 싸움은 단순한 창작 방법론의 싸움이 아니다. 창작의 현장에서 서로를 베는 가치 판단들. 그 안에서 독자는 신실함의 미덕이 어느 편에 가 있는지를 안다.

〈시원의 풍경〉에서는 묘지에서 멋모르고 뛰어놀던 어린 내가 아버지와 어머니를 떠나보내는 장면이 등장한다. 어린 나를 내려다보는 엄마와 그런 우리를 새기는 늙은 내가 있다. 어머니와 아버지 사이에서 고민하는 딸이 있고, 형과 함께 보낸 그 단란했던 밤의 기억을 신실하게 간직하는 동생이 있다. 〈신실하고 고결한 밤〉과 〈콘월〉에서처럼, 그런 옛 추억들을 잘 배열해 보면 동생의 실패와 상처를 말없이 어루만지는 형의 등장은 시집 전체에서 중요한 장치다. 살면서 누구에게나 이런 기억이 있을 게다. 꼭 피붙이가 아니더라도 듬직한 친밀함(신실함은 바로 그런 의미다)을 나눈 어떤 밤. 그 기억이 파편 같이 흩어지는 우리 삶의 의미 없음을, 폐허를 견디게 하는 힘을 준다.

목소리로 다시 돌아오는 그 존재, 그 기억들 덕분에 우리는 죽음 너머의 삶을 다시 잇는다. 묘지에 발을 딛고 서서 산 자와 죽은 자의 시작 지점과 끝 지점을 함께 응시하는 것처럼 말이다.

《신실하고 고결한 밤》은 그런 점에서 말이, 기억이, 죽음을 딛고 우리를 매일매일 어떻게 살게 하는지를 실험하고 있다. 시를 읽는 우리는 그 실험에 동참하는 사람들, 우리의 읽기는 우리 삶 안에서 시의 언어를 되살려 우리 스스로의 가난하고 외로운 하루하루를 돌아보게 한다.

행동하는 주체들의 리듬

생의 유한함, 시작과 끝에 대한 이야기면서 동시에 어떤 독자적인 시작도 어떤 단일한 끝도 없음을 반복하여 이야기하는 시집은 시작도 끝도 아닌 삶의 여정 위에 우리가 어떤 호흡을 가져야 하는지를 재차 묻는다.

시를 우리말로 옮기면서 나는 유난히 산문시가 많은 이 시집은 앞서 나온 글릭의 다른 시집들과는 다른 호흡이 필요하다는 걸 절감했다. 같은 시집 안에서 달라지는 목소리의 변주를 번역에서 살리는 것도 숙제였다. 대단한 탐험 여행을 떠나기로 한 사람들이 이런저런 논쟁만 이어가다 세월을 보내는 이야기 시 〈우화〉를 번역할 때부터 문장의 리듬과 어휘 선택에 이르기까지 고민이 적지 않았다. 옛 이야기를 전하는 형식에서 시의 목소리가 일상에서 잘 쓰지 않는 단어를 끌어올 때, 자칫 너무 생경해지는 경우도 있었다. 그럴 때는 그 생경함을 지긋이 눌러 주어야 했다. '세속의 재화(worldly goods)'를 '속세의 것들'로 바꾼 것이나 군인이나 순례자들이 들고 다니는 '수통(canteen)'을 '물통'으로 바꾼 게 그런 예다.

반복되는 구절이나 자주 등장하는 단어들을 옮길 때, 혹은 긴 호흡의 문장과 짧은 호흡이 번갈아 섞일 때, 나는 늘 원시와 번역된 시를 소리 내어 읽는 버릇이 있다. 그렇게 하여 영어의 리듬과 번역된 우리말의 리듬을 최대한 비슷하게 끌고 가도록 애쓰는 것이다. 그럴 때 나는 번역자가 아니라 모여 앉아 숨을 죽이며 귀를 기울이는 청중들 앞에서 시를 읽는 시인이 된다. 그 습관을 통해서 원시에서 내가 느끼는 리듬과 호흡을 번역에서 최대한 충실하게 가지고 가려고 애쓴다.

낯선 느낌을 익숙하게 바꾸지 않고 그대로 살려 두는 것도 시 번역을 할 때 잊지 않고 되새기는 중요한 원칙 중에 하나다. 〈밖에서 오는 사람들〉에서 "한밤중에 누가 전화를 할까? / 고민이 전화하고, 절망이 전화하지. / 기쁨은 아기처럼 잠을 자고 있고"의 경우가 그렇다. 버클리에서 이 시집을 읽을 때 지붕 통창 너머로 들려오던 이웃집 여자의 전화 대화를 기억하곤 했다. 가끔은 까르르 웃음이, 가끔은 고함 소리가 섞인 그 소리를 들으며 이 구절을 다시 읽다 보면, 한밤중의 전화에 대한 여러 의미가 만들어진다. 한밤에 받는 전화는 대개 기쁨일 가능성이 적다. 한밤의 전화는 사고 소식이거나 한숨 섞인 절망의 구원 요청이다. 시인은 이를 'Calls of trouble, calls of despair'라고 하지 않고 "Trouble calls, despair calls / Joy is sleeping like a baby"라고 했다. 고민과 절망과 기쁨이 그대로 행위의 주체가 되는 것이다. 이 부분을 처음에 '사고의 전화, 절망의 전화'라고 했다가 그 지붕 통창 너머로 들리던 이웃집 여인의 기다림을 생각하며 번역을 바꾸었다. 고민과 슬픔, 절망, 기쁨이 능동적으로 몸을 움직여 우리에게 말을 거는 밤. 시인의 마음을 입어 고민과 절망을 주어로 내세우니 원시에서 내가 받은 느낌에 가까운 호흡이 만들어졌다. 이처럼 번역의 호흡은 시의 리듬을 반복해서 생각하다가 일상의 내 생활과 읽기 경험 속에서 새 숨결을 얻으며 우리말의 리듬을 바꾸기도 한다.

한밤에 걸려 오는 전화의 두려움과 놀람을 안다는 것은, 이 세상의 젖은 자리를 안다는 증거다. 비통과 비탄, 슬픔을 한 자락 나눠 가졌다는 증거다. 젖은 자리는 피하고 보송보송한 자리에만 편하게 몸을 누이며 살아온 사람은 잘 모를 어떤 근원적인 불안, 피하지 못하는 운명의 바람을 안다는 증거다. 세상 걱정 없이 쌔근쌔근 잠을 자던 그 기쁨의 시절을 지나온 우리는 앞을 모르는 어려운 시절, 불안한 밤 또한 건너왔다. 알 수 없는 두려움과 슬픔과 그리움과 절망이 함께 보채고 함께 뒤척이는 시간, 시인이 전하는 신실하고 고결한 밤의 이야기를 만나며 노년에 반추하는 기억의 단층들을 함께 훑었다.

신실하고 단순하게 걷기 위해

버클리의 기이한 밤에 만났던 《신실하고 고결한 밤》을 우리말로 엮으며 내내 두 리듬을 생각했다. 단순함과 복잡함. 글릭의 시는 명료한 단어들로 이루어져 있어 얼핏 쉬워 보인다. 하지만 명료한 단어에 비해서 시의 의미는 훨씬 더 복잡하다. 단순함과 복잡함의 교차는 글릭의 이전 시집에서도 두드러진 특징인데, 이 시집에서도 여전하다.

'신실하고 고결한'을 예로 들면, '밤(night)'이라는 단어는 모험을 상징하는 '기사(knight)'와 겹쳐 사유된다. 주인공 예술가가 어린 날 형과 함께 보낸 밤에 읽은 책이 바로 아서왕의 기사도 모험 이야기이기 때문이다.

그 겹쳐지는 무늬는 시를 면밀히 읽으면서 포착해야 하는 읽기의 과제다. 시를 읽으며 독자는 시인의 자전적인 이야기들이 실은 우리 자신의 어린 날의 회억과도 만난다는 것을 알게 된다. 단 하나의 소실점인 죽음을 향해 가는 예술가의 인생이 지금 여기의 삶을 사는 우리의 이야기와 겹쳐지는 것이다. 그 점에서 글릭의 '신실하고 고결한 밤'은 잠 못 이루는 무수한 밤의 동의어다. 그 밤은 순례 여행을 나선 이들이 서로 잠을 쫓으며 주고받는 이야기의 성찬이 어우러진 밤이다.

한편, 이 시집의 독특한 산문시들 〈기억 이론〉, 〈유토피아〉, 〈금지된 음악〉, 〈열린 창문〉, 〈단축된 여행〉, 〈말과 기수〉, 〈소설 작품 하나〉, 〈공원의 그 커플〉 등 현실인지 환상인지 꿈인지 잘 모를 짧은 산문시는 긴 장시들 사이에서 소품처럼 빛난다.

시집 전체를 잇는 한 예술가의 고백 속에서 여러 생애의 우화가 겹쳐 등장하는 것이다. 작가의 창작 과정, 예술가의 고독한 예술혼이 고통스럽고도 우스꽝스럽게 표현되는가 하면, 홀로코스트를 연상시키는 떠남의 여행 속에서 죽음에 다다른 자의 비애가 전해지기도 한다.

시인의 문장 하나하나가 멋 부리지 않은 단순한 시의 언어를 보여 준다면, 산문과 운문과 우화와 사실들이 뒤섞인 다양한 무늬들은 시인의 실험적인 시적 방법론을 보여 준다. 죽음 충동을 건너온 아이의 안간힘이 간신히 살아남은 자의 분노와 섞여 의미 없는 나날을 견디는 권태와도 맞물린다. 남편 유전자를 닮은 맏딸 글릭을 구박하던 어머니의 목소리가 어느 순간에는 스트로브잣나무 향기가 되어 나무들의 바람 소리가 된다.

하나의 표면 아래 층위가 여러 겹 있어서 다른 시간대를 꿰뚫는 기억의 풍경을 그리는 이 시집을 읽는 가장 좋은 방법은 뭘까? 시집의 대표 시 〈신실하고 고결한 밤〉에서 어느 정도 답을 찾을 수 있을지 모르겠다.

"내 이야긴 정말 단순하게 시작해"라며 화자는 '말'과 '행복'을 가지고 놀이를 시작한다. "나는 말할 수 있었어 그리고 행복했어"라는 말. 사람은 행복하기 때문에 말을 할까? 말을 하기에 행복한 걸까? 독자들은 시인이 건네는 시들을 말과 행복 사이를 시소 타듯 오가는 이 놀이처럼 읽으면 된다.

단어는 어렵지 않은데 의도적으로 모호하게 처리된 구절들을 마주하면, 시인 글릭이 마련한 말놀이의 장에 초대되었다고 생각해 보라. 일상의 사소한 대목에 불쑥 개념어와 분석적인 단어를 밀어 넣으며 시인은 독자와 어떤 심리 게임을 하는 것 같다.

글릭의 시를 읽을 때 떠오르는 다른 시인들이 몇 있다. 현실의 무(nothing)와 대면하며 상상력의 집을 오롯이 짠 시인 월러스 스티븐스(Wallace Stevens), 독일의 천재 시인 횔덜린(Friedrich Hölderlin), 혹은 '소극적 수용능력(negative capability)'을 내세운 영국의 시인 존 키츠(John Keats), 그리고 상상의 공간에 거주한 에밀리 디킨슨(Emily Dickinson). 모두 글릭이 좋아한 시인들이다. 특히 하이데기가 '시인 중의 시인'이라 칭한 횔덜린, 그가 "어쩔 수 없이 신 앞에 서야 할지라도 두려움 없다, 단순함이 그를 보호해 주며 그 어떤 무기도 지략도 필요치 않다"고 할 때의 그 두려움 없는 단순함은, 글릭의 이번 시집에서 들려주는 신실하고 고결한 밤의 힘과 닮아 있다.

그 점에서 '신실하고 고결한 밤'은 이 폐허 같은 세상을 견디는 참을성을 길러 주는 밤이다. 왜 견뎌야 하는가? 견뎌야만 하기에 견

딘다. 어쩔 수 없이 상처와 죽음을 대면하는 우리다. 육체는 하루하루 쇠하고 소중한 것들은 불타고 사라지고 죽는다. 시인은 태어나기도 전부터 상실 위에 자기 존재의 뿌리가 자리 잡은 사람. 태어나기도 전에 죽은 언니의 죽음 외, 시인과 닮은꼴이었던 아버지의 죽음, 또 살던 집이 화재로 한줌 재로 변한 사건 등은 시인이 오롯이 경험한 고독한 밤의 전화 같은 사건이다.

우리 또한 이 비슷한 일들을 겪으며 무수한 끝을 대면한다. 그래도 우리는 걷는다. 걸어야 하기에. 죽음에서 출발하여 죽음을 딛고 우리는 나아간다. 그래야 하니까. 시인은 이 고독한 발걸음 속에서 서로 어울리고 의지할 수 있는 이들을 언어로 만드는 사람이다.

시를 옮기는 내내 시인으로서는 드물게 담백하게 시를 쓰는 시인의 언어 스타일을 잊지 않으려 애썼다. 시인은 유려한 미문을 구사하지 않는다. 종속절을 가진 복문보다 병렬적인 단문을 즐겨 구사한다. 일상적인 대화체로 간소한 언어를 구사하는 시의 결을 염두에 두고 번역도 될수록 꾸밈없고자 했다. 시인의 언어 형식은 시인이 말하고자 하는 바를 효과적으로 전달하는 장치다.

죽음이나 상실 등 지워진 것을 어떤 허식 없이 또렷하게 되살리려고 하는 정직한 시선. 그 시선이 우리 각자의 고독과 폐허 속에서도 우리가 발을 헛디디지 않도록 이끈다. 시집에 등장하는 늙은 예술가, 죽음이 지평선처럼 내 앞에 다가오는 것을 느끼는 예술가가 어린 날 형과 함께 했던 그 신실했던 밤의 기억, 그 다독임을 되살리는 것은 그 이유다. 우리 각자에게도 그런 기억이 있을 것이다. 밤늦게 걸려 오는 전화기 너머로, 어떤 고통이, 어떤 사고가, 어떤 고립된 절망이 말을 걸어 오고, 우리는 그걸 받는 것 외에 다른 도리가 없던 날.

단순하면서 복잡한 글릭 시의 특징이 잘 드러나면서 환상적인 이야기꾼의 자질이 돋보이는 이 시집은 좀 어둡게 느껴질지도 모르겠다. 훗날 내가 시인의 나이에 이르렀을 때 어떤 기억에 오래 사로잡힐까 가끔 상상해 본다. 지금 잘 소화되지 않은 어떤 상처가 불쑥 튀어나오기도 할 것이고 지금은 너무나 아프게 느껴지는 일이 흔적 없이 사라질 수도 있다. 어둡고 혼란스러운 기억의 층위들 사이에 따사롭고 안온한 기억들이 함께 새겨진 이 시집은 나이테가 없다. 노년을 미리 살고 있는 스무 살의 청춘도 있고, 처음인 듯 시작하는 노년도 있는 것처럼 이 시집 또한 그 다양한 나이테가 함께 어우러져 있다. 노년에 썼다고 해서 노년의 시가 아니고, 젊은 날 썼다고 해서 젊음의 시가 아닌 것처럼 시작과 끝의 여러 지점들을 함께 바라보는 시는 여러 경험들을 동시에 새긴다. 뜨거운 솥에 일부러 손을 갖다 대듯 아픔과 상처의 길을 일부러 지나갈 필요는 없지만 우리는 다 알게 된다. 만나고 싶지 않아도 만나야 하는 일들, 경험하고 싶지 않아도 경험하게 되는 상실이 인생에는 필연적으로 있다는 것을.

상실과 절망, 죽음을 통과한 언어, 생의 파고를 넘으며 저류(低流)로 간신히 살아 낸 삶을 응시하는 언어는 단순하고 신실한 글릭 시학의 묘미를 잘 보여 준다. 글릭에게 시의 언어는 어떤 화려한 미학적 방법론에 기대고 있지 않다. 그에게 시는 지금 보이지 않는 것들, 사라진 것들, 입이 없어 말을 하지 못하는 작은 기억의 파편들을 어떻게든 다시 불러 모아 기워 내는 생존 작업이다. 그래야만 살아진다는 듯, 시인은 기억들을 되살리는 시간의 파편에 기대어 시를 쓴다.

만남이 차단된 팬데믹 시절에 내가 만난 이 시집은 죽음을 응시하면서 꾸밈 없는 소통을 향해 나아가는 삶의 의지로 읽혔기에 내게도 각별한 의미가 있다. 시를 읽는 일이 하루하루를 이어나갈 힘이 되었으니 말이다.

시를 번역하는 일은 가장 민감한 방식으로 언어의 결을 매만지는 시를 통해 낯선 두 세계를 잇는 일이다. 충실한 다리가 되고자 애를 썼지만 혹시 놓친 실수가 있다면 오롯이 역자의 잘못이다. 글릭의 시를 우리 독자들과 나누는 데 큰 애정을 갖고 애써 주신 편집부와 출판사에 특별한 고마움을 표한다.